Anton Frind

Der heilige Johannes von Nepomuk

Denkschrift zur Feier des dritten fünfzigjährigen Jubiläums der

Heilig-Sprechung

Anton Frind

Der heilige Johannes von Nepomuk
Denkschrift zur Feier des dritten fünfzigjährigen Jubiläums der Heilig-Sprechung

ISBN/EAN: 9783744610322

Hergestellt in Europa, USA, Kanada, Australien, Japan

Cover: Foto ©ninafisch / pixelio.de

Weitere Bücher finden Sie auf **www.hansebooks.com**

Der heilige

Johannes von Nepomuk,

Denkschrift

zur Feier des dritten fünfzigjährigen Jubiläums

der

Heilig-Sprechung.

Von

Anton Frind,

Metropolitan Domkapitular bei St. Veit in Prag, Mitglied der k. böhm. Gesellschaft der Wissenschaften.

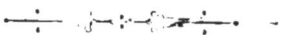

Prag 1879.

Verlag des katholischen Preßvereins.

In Commission der k. k. Hof- und Universitätsbuchhandlung Ottomar Beyer (M. Calve) in Prag.

Druck von Ambr. Crip in Warnsdorf.

Vorwort.

Ich habe im Jahre 1861 eine Broschüre unter dem Titel: „Der geschichtliche heilige Johannes von Nepomuk" veröffentlicht, in welcher ich der Zweifelsucht der letzten Jahrzehnte gegenüber die urkundlichen Nachweise des Lebens und des Martyrertodes unseres heiligen Landespatrons zusammenzustellen bemüht war.

Die freundliche Aufnahme jener Broschüre drängte im Jahre 1870 zu einer zweiten Auflage, in welcher ich, — bereits selbst Mitglied des altehrwürdigen Domstiftes, dem der Heilige einst angehört hatte, — so manchen neuen Fund zu verwerthen in der Lage war.

Ich habe seitdem meine Forschungen nur desto eifriger fortgesetzt und glaubte nunmehr in der Lage zu sein, ein vielfach neues urkundliches Materiale zur historischen Begründung unseres wohlberechtigten Johannes Cultus vorführen zu können. Dies und die bevorstehende 150-jährige Jubelfeier der Heiligsprechung veranlaßten die gegenwärtige neue Bearbeitung des vorliegenden Stoffes, die ich hiemit allen Verehrern unseres heiligen Landespatrons als „Denkschrift" entgegen bringe.

Prag, am 15. Februar 1879.

Der Verfasser.

§ 1. Einleitung.

Wir feiern im Jahre 1879 das dritte fünfzigjährige Jubiläum der Heiligsprechung unseres Landespatrons, des heiligen Johannes von Nepomuk.

Am 19. März 1729 war diese Heiligsprechung nach fünfzehnjähriger Untersuchung vom Papste Benedict XIII. in Rom feierlich vollzogen worden. Die ganze katholische Welt freute sich der neuen Verherrlichung Gottes und seiner heiligen Kirche. Unser Böhmenland aber und unser Böhmenvolk überströmten von Jubel. Sein still verborgener Schatz im Prager Dome, sein „heiliger Johannes", war nun offenbar vor aller Welt, und je mehr dieser bewundert und gepriesen ward, desto reicher dünkten sich seine vaterländischen Verehrer. Die einsame Zuflucht einzelner Bedrängten war das Asyl für Millionen geworden, die dort Schutz und Hilfe suchten und fanden; vor Allem aber durften unser Land und unser Volk eines neuen Patrones im Himmel sich rühmen und fühlten sich desto stärker und sicherer jedwedem Feinde gegenüber. Darum war die erste Feier der Heiligsprechung in Prag — vom 9. bis 16. October 1729 — das Großartigste, was man hier jemals gesehen hatte. Wir werden Gelegenheit finden, dieselbe näher zu

1

beschreiben. Hier sei nur erwähnt, daß damals un=
sere Hauptstadt die fremden Gäste nicht faßte, die
durch 8 Tage zur heiligen Feier herbeizogen, und
daß man in diesen 8 Tagen über 208 Tausend
Communicanten in der Domkirche zählte.

Im Jahre 1779 feierten unsere Vor=
Eltern das erste fünfzigjährige Jubiläum
— diesmal durch 3 Tage, vom 16. bis 18. Mai.
Nur die Dauer war verschieden. Die Theilnahme
aber von Nah und Fern war wieder die großartigste,
die sich denken ließ.

Im Jahre 1829 beging man das
zweite fünfzigjährige oder das erste hun=
dertjährige Jubiläum der Heiligspre=
chung. Diesmal hatte selbst Se. Majestät
Kaiser Franz I. seine Theilnahme in Aussicht
gestellt, und deßhalb wurde die Octav des Pfingst=
festes vom 8. bis 15. Juni zur Feier ausersehen.
Noch leben sehr viele Zeugen jener festlichen Tage,
die uns von den glänzenden Vorbereitungen auf
Gässen und Plätzen, von dem prachtvollen Schmucke
des Domes, von den feierlichen Prozessionen, von den
zahllosen Pilgern und von den unbeschreiblichen Fest=
lichkeiten im Dome selbst zu berichten wissen.

So ist es nun im Jahre 1879 das dritte
fünfzigjährige Jubiläum der Heiligspre=
chung unseres Landespatrons, das wir be=
gehen werden. Wir zweifeln nicht, daß es abermals
ein lautes und glänzendes Zeugnis sein wird, wie
treu und vertrauensvoll unser Volk an seinem heiligen
Patrone hange. Aber diesmal sind es dennoch sehr
eigenthümliche Vorbereitungen, die man seit einiger

Zeit von gewisser Seite in Scene setzt. Man will unseren Heiligen seines Heiligenscheins berauben. Wir wissen, daß schon längst ein allgemeiner Kampf gegen Alles, was uns lieb und heilig ist, begonnen hat. Bald gilt der Kampfruf dem Papste, bald anderen Trägern des geistlichen Amtes, — bald einer unliebsamen Lehre und bald einer unbequemen Einrichtung des kirchlichen Lebens. Man rüttelt eben an den einzelnen Säulen, in der Hoffnung, so endlich den ganzen Bau zum Falle zu bringen. Als eine solche Säule betrachtet man nun auch unsere Verehrung des heiligen Johannes. In der That auch, welche Fülle christlicher Anschauungen und Gefühle ließe sich mit dieser Verehrung aus den sorglosen Herzen reißen! Kann es Wunder nehmen, daß man dies in allem Ernste versucht? Kleinliche Mißverständnisse kommen dabei trefflich zu Statten. Unkenntnis und boshafte Lüge schmieden daraus die Waffen, die unser frommes Vertrauen ertödten sollen.

Da ist es wohl angezeigt, ja sogar dringend geboten, solchem Beginnen durch eine gründliche Darlegung des Lebens, des Todes, der Verehrung und der Heiligsprechung unseres geliebten Landespatrons entgegen zu treten.

§ 2. Die Legende des heiligen Johannes von Nepomuk.

Wir beginnen unsere Darlegung mit der Legende unseres heiligen Johannes, und wählen hiezu die kirchlich genehmigte, wie sie unserer Geistlichkeit in ihren Tagzeiten (im sogenannten

1*

Proprium Bohemiae) zur Lesung am Feste des Heiligen vorgezeichnet ist. [1])

1. „Johannes wurde geboren in der Stadt Nepomuk in Böhmen, woher er den Namen von Nepomuk erhielt, von Eltern, die in Jahren bereits vorgerückt waren, und nicht ohne ein Vorzeichen seiner künftigen Heiligkeit — einer Flammenerscheinung, die über dem Hause des Neugeborenen wunderbar glänzte. Als er in seiner Kindheit in eine schwere Krankheit fiel, entging er der Lebensgefahr durch die Hilfe der seligsten Jungfrau, der die Eltern ihr Kind aufopferten. Vorzüglich begabt und von frommem Unterrichte unter himmlischen Anzeichen geleitet, verlebte er seine Knabenzeit unter heiligen und religiösen Uebungen. Denn seine Lust war, fleißig die Kirche zu besuchen und den an den Altären beschäftigten Priestern zu dienen. In Prag erwarb er sich — ausgebildet in den wichtigeren Wissenschaften — den Rang und die Auszeichnung eines Magisters der Philosophie, Theologie und des Kirchenrechts. Zum Priester geweiht und durch die Wissenschaft der Heiligen gehörig für die Seelsorge vorbereitet — widmete er sich ganz dem Dienste des göttlichen Wortes. Da er durch Beredsamkeit und Frömmigkeit reiche Früchte in der Ausrottung der Laster und in der Rückführung der Irrenden auf den Weg des Heiles zu Tage förderte, so wurde er unter die Domherren der Prager Metropolitankirche aufgenommen. Bald erhielt er die Aufgabe, vor dem Könige Wenzel IV. das Evangelium zu predigen, — und that dies mit

---

[1]) Aus dem Lateinischen übersetzt.

solchem Erfolge, daß der König Manches nach dem
Rathe des Johannes that und dessen Tugenden hoch
in Ehren hielt. Die glänzenden Würden aber, die
er ihm antrug, wies der Diener Gottes standhaft
von sich, um nicht von der Verkündigung des göttlichen Wortes abgezogen zu werden."

2. „Er wurde mit dem Amte betraut, die königlichen Almosen an die Armen auszuspenden, und
die Königin erwählte ihn zu ihrem Gewissensrathe.
Als aber Wenzel seines Amtes und seiner Erziehung
vergaß und jählings in Laster sank, dabei die Bitten
und Ermahnungen seiner frommen Gattin aber übel
aufnahm: da wagte er es, von Johannes zu verlangen, daß ihm die im sakramentalen Gerichte (im
Beichtstuhl) anvertrauten Geheimnisse der Königin
eröffnet würden. Doch der erst mit Schmeicheleien
und endlich mit Drohungen versuchte Diener Gottes
widerstand tapfer dem sündhaften Verlangen des
Königs. Da Wenzels tobendes Gemüth sich von
dem fluchwürdigen Vorsatze weder durch menschliche
noch durch göttliche Rechte abschrecken ließ, so sah
der Streiter Christi den ihm bevorstehenden letzten
Kampf voraus und verkündete diesen in der Predigt
nicht undeutlich dem Volke — zugleich mit einer
Mahnung an die dem Lande drohenden Gefahren.
Dann pilgerte er nach Altbunzlau zu dem durch uralte Verehrung berühmten Gnadenbilde der seligsten
Jungfrau und erflehte sich dort in heißen Gebeten
himmlischen Beistand zur Bestehung eines guten
Kampfes. Als der König noch heftiger auf seiner
Forderung bestand und bei längerer Weigerung mit
Ertränkung drohte, wies Johannes mit unbesiegter

Standhaftigkeit alle Schrecken und Drohungen von sich. Deshalb wurde er auf Befehl des Königs gefoltert, in einem schmutzigen Kerker verwahrt, und, bereits aufgerieben, in den Moldaufluß, der Prag durchströmt, zur Nachtzeit geworfen und so mit der glorreichen Krone der Martyrer gekrönt".

3. „Das im Geheimen vollbrachte kirchenschänderische Verbrechen wurde zugleich mit dem Ruhme des Martyrers durch ein glänzendes Wunderzeichen offenbar. Als nämlich der entseelte Leib flußabwärts getrieben wurde, zeigten sich auf dem Wasser umherschwimmende brennende Lichter. Deshalb erhoben die Domherren, den Zorn des Königs nicht weiter fürchtend, des andern Morgens den Leichnam am Sanduser und trugen ihn in feierlichem Zuge in die Metropolitankirche und legten ihn dort in ein Grab. Als aber von Tag zu Tag der Ruf des unbesiegten Priesters durch Wunder und durch die größte Verehrung der Gläubigen, insbesondere solcher, deren Ruf in Gefahr war, überhand nahm, — so wurde nach mehr als 300 Jahren der Leib, der so lange in der Erde geruht hatte, gerichtlich erhoben, die Zunge aber unverwest und frisch gefunden, die dann 6 Jahre später den vom apostolischen Stuhle bestellten Richtern vorgewiesen, durch ein neues Wunder plötzlich anschwoll und ihre dunkelgraue Farbe in Purpur verwandelte. Da diese und andere Zeichen ordentlich erwiesen wurden, so hat der Papst Benedict XIII. am 19. März 1729 diesen ersten Bekenner des sakramentalen Siegels, der die Heiligkeit des Beichtgeheimnisses mit seinem Blute besiegelte, in das Verzeichnis der heiligen Martyrer aufgenommen."

Dies ist also der Wortlaut der im kirchlichen Stundengebete üblichen Legende. Wie verhält sich eine solche Legende zur wissenschaftlichen Geschichte?

§ 3. Was ist eine „Legende"?

1) Die „Legende" eines Heiligen überhaupt ist keine bloße und strenge Geschichte; ihr Zweck ist vielmehr die fromme Erbauung der Gläubigen; — sie will heilige Gesinnungen und Gefühle in ihren Lesern wecken und pflegen. Darum beschränkt sie sich nicht auf das streng urkundliche Gebiet, sondern zieht ebenso die stetige Tradition, ja selbst die fromme Sage und selbst die fromme Poesie in ihr Bereich. Dabei wahrt sie aber allezeit der wissenschaftlichen Forschung ihr Recht. Hundert Legenden des Breviers sind im Laufe der Zeit in ihren streng geschichtlichen Notizen verbessert worden. Insbesondere konnten so die Sterbejahre und Sterbetage der Heiligen berichtigt und näher bestimmt werden. Die berühmten Sammlungen Ruinards[1]), die Lebensbeschreibungen der heiligen Väter und die Geschichten der Heiligen vom Jesuiten Rosweid[2]), die Akten der Heiligen von den sogenannten Bollandisten[3]) sind insgesammt Ergebnisse des sorgsamsten Forschergeistes, und unsere heilige Kirche hat selbe allezeit beifällig zur Kenntnis genommen.

2) Die Legende eines Heiligen ist auch nicht Gegenstand des Heiligsprechungsprocesses, sondern blos ein nebenbei gehender Bericht, und nicht

---

[1]) Acta Martyrum primorum 1689.

[2]) Vitae Patrum et Fasti Sanctorum 1607.

[3]) Acta Sanctorum, begonnen 1643 von Joh. Bollandus, bis jetzt 53 Foliobände.

selten sind es sogar mehrere in unwesentlichen Dingen sogar sehr verschiedene Legenden, die den Akten eines Heiligsprechungsprocesses beigelegt werden. Gegenstand des Untersuchungsprocesses sind vielmehr nur die 3 Fragen: Ist von dem Heiligen aus älterer Zeit die stetige Verehrung erwiesen? Ist die Heiligkeit — oder auch nur der Martyrertod — erwiesen? Sind Wunder erwiesen?

Sind diese und blos diese drei Fragen zur vollen Genüge beantwortet, so erfolgt die kirchliche Zulassung der allgemeinen Verehrung oder die sogenannte Heiligsprechung.

3) Es kann daher recht wohl vorkommen, daß man von einzelnen Heiligen gar nichts Weiteres kennt, als eben nur die jenen drei Fragen entsprechen= den Thatsachen.

Man denke an die heiligen unschuldigen Kinder, an Tausende von Martyrern, ja selbst an die meisten unter den heiligen Aposteln.

In der katholischen Kirche gelten eben die beiden unbestreitbaren Grundsätze: Die im Bekenntnisse des Glaubens ihren Leib und ihr Blut geopfert, werden als Helden im Himmel von Jesus verherrlicht (S. Aug.); und die durch Wunder glänzen, deren Hei= ligkeit hat Gott selbst bestätigt. (Prop. Bohemiae in festo S. Sigismundi.)

4) Es thut also auch der Verehrung unseres heiligen Johannes durchaus keinen Eintrag, wenn seine Legende in manchen Punkten ergänzt oder be= richtigt wird; — ja er wäre auch dann schon als Martyrer zu verehren, wenn von ihm gar nichts

Weiteres bekannt wäre, als sein Martyrertod und die an seinem Grabe und durch seine Anrufung erfolgten Wunderzeichen.

§ 4. Der heilige Johannes des Prager Doms seit fast fünf Jahrhunderten.

1) So viel werden wohl auch unsere Gegner zugeben müssen, daß der heilige Johannes unserer Legende und der Gegenstand unserer heutigen Verehrung kein Anderer ist, als Derjenige, dessen Grab im Prager Dome schon seit nahezu fünf Jahrhunderten von zahllosen Andächtigen besucht wird.

Von diesem Grabe lesen wir in dem aus der Zeit um 1416 stammenden amtlichen Verzeichnisse der Jahrgedächtnisse des Prager Doms [1]): Daselbst (auf dem mit einem Steine und dem Namen Johannes Pomuk bezeichneten Grabe) befindet sich jetzt ein eisernes Gitter. Von diesem Gitter berichtet ein Fortsetzer des Chronisten Pulkava um 1470, ein Husit, dessen Zeugnis deshalb um so gewichtiger ist: Er (Johannes) wurde begraben in der Prager Burg bei St. Wenzel, wo sein Name in Stein eingehauen ist mit einem Kreuzeszeichen, welches Kreuz bis auf den heutigen Tag Niemand mit den Füßen

---

[1]) Handschrift des Prager Capitelarchives „Ordo Commendarum", auch abgedruckt in Tomek's Zaklady III. 251: ubi lapis marmoreus jacet, in quo sculptum est: Joannes Pomuk. (Ubi modo est cancellum ferreum in circuitu.) Tomek verlegt die Schlußbemerkung nach 1450.

zu betreten wagt. [2]) Ebenso berichtet eine Hand=
schrift des alten Stiftes Goldenkron aus dem
15. Jahrhunderte: „Er (Johannes) ist begraben
im Prager Dome; er glänzt durch Wunder,
und deshalb ist ein Gitter darum ge=
macht." [3]) Ein Gleiches erzählte ein Stadtbuch
von Zittau aus derselben Zeit: „Dieser Johannes
(er heißt hier in Folge eines Schreibfehlers von
Neponicz) wirkt durch Gottes Kraft große
Wunder, und sein Grabmal ist mit einem
eisernen Gitter umgeben, damit Niemand
sein Grab betreten könne. [4]) Dasselbe Gitter
sah der Chronist Hajek, dessen Geschichte im
Jahre 1541 gedruckt wurde, mit eigenen Augen und
schrieb darüber: „Wenn Jemand seine (des hl.
Johannes) Heiligkeit anfocht und muthwillig
auf das in den Grabstein gehauene Kreuz
trat, der hat an demselben Tage Spott und
Schande erfahren, und darum haben die geist=
lichen Herren das Grab mit einem eisernen
Gitter umschließen lassen. [5]) Alle böhmischen
Geschichtsschreiber nach Hajek berichteten das Gleiche.

---

[2]) Dobner Monumenta IV. 141: Et sepultus fuit in ecclesia
Pragensi apud S. Venceslaum, ubi nomen ejus lapidi insculptum existit cum Signo crucis, quam crucem in hodier-
nam usque diem pedibus nullus calcare audet. (Dasselbe
böhmisch in Script. rerum Boh. III. 5.)

[3]) Dobner dissertatio 41: Coruscat miraculis, ideo factum est
cancellum in circuitu.

[4]) Ueber dieses jetzt verlorene Stadtbuch siehe Zimmermanns „Vorbote einer Lebensgeschichte des hl. Johannes von Nepomuk",
S. 61. Das Citat ist aus der lateinischen Ueberßetzung Berg-
hauers zurück übersetzt.

[5]) W. Hajek: Kronyka česká.

Jenes ältere Gitter war im Jahre 1530 auf Veranlassung des Domdechants Wenzel von Wolfenburg mit einem 3 Ellen hohen Vorgitter eingefaßt, und dieses letztere mit einer Inschrift versehen worden, welche unter Anderem besagte: „Der ehrwürdige Magister Johannes von Nepomuk . . . . . liegt hier begraben und glänzt durch Wunder."[6]) Dieses Gitter und diese Inschrift mußten — des vielen Andranges wegen — noch öfter erneuert werden, so in den Jahren 1598, 1621 und 1679.[7]) Im Jahre 1692 ließ der Prager Canonicus Tobias Becker (nachher Bischof in Königgrätz) aus eingesammelten Beiträgen ein förmliches Castrum gloriae über das Grab und das Gitter errichten. Nach einer uns vorliegenden Abbildung desselben standen auf 6 Marmorsäulchen ebensoviele allegorische Figuren (Glaube, Hoffnung, Liebe, Verschwiegenheit 2c.), über denen sich zierliche Guirlanden in einer Krone vereinigten, — über der Krone ein Standbild des hl. Johannes, von Engeln getragen, und vor diesem Baue ein einfacher Altar.[8]) Dieses Grabmal mit dem Eisengitter hatten alle jene Gedenkmänner, die im Heiligsprechungsprocesse eidlich vernommen wurden, von frühester Jugend an gekannt und besucht.[9]) Dieses Grab wurde am 15. April

---

[6]) Zimmermann l. c. 43. „Honorabilis Dominus Magister Joannes Nepomucenus . . . . . miraculis clarus hic jacet."
[7]) Neumann „Jubelfeier" S. 48.
[8]) Das Bild in dem Büchlein „Sanctae divi M. Viti Metropolitanae eccl. Vestigium 1721. Innerhalb dieses Castrums stand damals auf dem eigentlichen Grabsteine der sogenannte salomonisch: Leuchter, der sich noch heute im Prager Dome befindet.
[9]) Acten des Heiligsprechungsprocesses, 7 starke Manuskript-Bände in der Prager Kapitelbibliothek. Ein Auszug hievon wurde 1727 zu

1719 im Auftrage des heiligen Stuhles in Gegen=
wart einer beeideten Commission von Aerzten,
Juristen, Alterthumskennern und Geistlichen
[10]) eröffnet und die Ueberreste des Heiligen unter=
sucht; darauf aber wurde dieses Grab von Neuem
geschlossen und verwahrt. Im Jahre 1721 wurden
aus diesem Grabe die Gebeine des Heiligen erhoben
und vorerst in eine Art Altartisch an der Stelle
des Grabes beigesetzt und eingeschlossen.[11]) Nach
erfolgter Heiligsprechung wurde jenes prachtvolle sil=
berne Grabmal erbaut, das wir noch heute be=
wundern, und darin ruhen seitdem die unter drei=
fachem Schlosse in einem Kryftallsarge liegenden
Gebeine des heiligen Johannes.

2) Es bestand also gewiß niemals ein
Zweifel über die Person, das Grab, die
Reliquien, den Martyrertod und die
Heiligkeit jenes Johannes von Nepo=
muk, dessen Heiligsprechung man schon seit dem
Jahre 1675 betrieb und endlich im Jahre 1729
erlangte. Es war dies eben der seit Jahr=
hunderten bekannte und verehrte Marty=
rer im Prager Dome. Die Legende dieses

Rom von der Untersuchungsbehörde (der Congregatio rituum) ver=
öffentlicht unter dem Titel: (Sacrae rituum congregationis Canonizationis seu declarationis martyrii b. Joannis Nepomuceni positio, informatio, summarium, animadversiones, re-
sponsa ad animadversiones, additionale. (Antrag der Con=
gregation der heil. Gebräuche zur Canonisation oder Feststellung
des Martyrertodes des seligen Johannes von Nepomuk — nebst
Zeugenerhebung, Uebersicht, Einwürfen, Widerlegung der Ein=
würfe und Anhang.) — Romae 1727.
[10]) Die Namen siehe § 16 Nr. 5.
[11]) Akten des Processes.

heiligen Johannes hatte sich seit Jahrhunderten fort=
gebildet. In ihr konnte vielleicht so Manches ge=
nauer und richtiger gestellt werden. Indem man
in Prag alles Mögliche sammelte, was
diesen Heiligen betraf, konnte wohl
auch hier einiges Mangelhafte un=
terlaufen und so in die Prozeßacten ge=
langen. Namentlich wurde dabei von einem
Todesjahre 1383 geredet und geschrieben, das sich
hinterher als unrichtig herausstellt. Auch wollte man
von einem zweiten Johannes Pomuk wissen, der nicht
im Prager Dome begraben liege und deshalb auch
nicht der Heiligzusprechende sei. Aber wie kann trotz
Allem dem ein vernünftiger Mensch sagen, es habe
der im Jahre 1729 Heiliggesprochene
gar nicht existirt, — gar nicht existirt eine
Persönlichkeit, deren Grab und Gebeine man seit
fast fünfhundert Jahren besitzt und verehrt!

§. 5. Es hat nur einen Martyrer Johannes von Nepomuk gegeben.

1) Wir besitzen fast zahllose urkundliche Zeug=
nisse von jenem Johannes von Nepomuk, der
im Prager Dome ruht, und werden solche weiterhin
an entsprechender Stelle selbst reden lassen. Aber
bis auf den Chronisten Hajek herab (1541) gibt
es darunter nicht ein Einziges, das ne=
ben diesem noch von einem zweiten
Martyrer desselben Namens weiß. Aller=
dings herrscht einige Verschiedenheit in der Angabe
des Todesjahres. Die ältesten nennen das
Jahr 1393, Einige spätere das Jahr 1383, ja

es findet sich selbst einmal das Jahr 1390 und einmal das Jahr 1392 angegeben. Wer aber das Jahr 1393 nannte, der wußte nichts von einem Martyrer Johannes von Nepomuk des Jahres 1383, 1390 und 1392, und umgekehrt wußten wieder die Angeber der letzteren Jahre nichts von einem Martyrer Johannes des Jahres 1393. Es liegt auf der Hand, daß alle diese Chro= nisten nur von einem und demselben Johannes redeten und nur in der Angabe der Zeit etwas von einander abwichen, was um so weniger befremden kann, da manche dieser Chronisten nicht in Böhmen lebten und schrieben. Wäre solche Verschiedenheit der Angaben maßgebend, dann hätten wir in der Geschichte eine sehr bedeutende Zahl von Weltweisen, Regenten und anderen berühmten Män= nern in doppelter und dreifacher Gestalt; denn auch bezüglich dieser gibt es sehr verschiedene Angaben der Todesjahre.

2) Vor Allem constatiren wir, daß die Namen Nepomuk und Pomuk gleichbe= deutend sind. Beide bezeichnen in den vorhan= denen Urkunden von 1188 bis 1419 gleichmäßig dasselbe Cistercienserkloster, welches die edlen Herren von Sternberg um das Jahr 1146 erbaut hatten[1]

---

[1] Pomuk heißt es in den von Erben (Regesta Boemiae et Moraviae) gesammelten öffentlichen Urkunden in den Jahren 1188 (p. 182), 1234 (p. 393), 1246 (p. 538); Nepomuk dagegen in den Jahren 1176 (p. 156), 1219 (p. 283), 1224 (p. 318), 1239 (p. 453), 1225 (p. 603). Pomuk heißt es ferner in den 13 libris Erectionum des Prager Domkapitels in den Jahren 1409 (L. VIII. J. 3), 1412 (L. VIII. P. 6.), 1413 (L. X. O.

und in dessen Nähe frühzeitig eine gleichnamige Stadt entstanden war. Der Ueberlieferung nach soll aber Nepomuk ursprünglich der Name des Klosters, und Pomuk der Name der Stadt gewesen sein. Sicher aber sind wenigstens nach der Zerstörung des Klosters durch die Husiten (1420) die Namen Nepomuk und Pomuk auch für die Stadt gleichmäßig gebraucht worden, bis endlich der Name Nepomuk auch hier der alleinig geltende wurde. Somit ist auch der Name Johannes von Nepomuk ganz gleichbedeutend mit dem Namen Johannes von Pomuk. Nur ist hier Pomuk die ältere — und Nepomuk die jüngere Form.

3) Im Prager Domkapitel hat es in der Zeit von 1383 und 1393 sicher nicht zwei Johannes von Nepomuk oder Pomuk gegeben.

Wir besitzen aus der Zeit von 1358 bis 1420 nicht allein eine Unzahl von öffentlichen Acten, in welchen geistliche Personen genannt werden, sondern haben auch noch die wohlerhaltenen geistlichen Amts-bücher jener Zeit vor uns. Diese letzteren sind die 13 Libri Erectionum, die alle Stiftungen und Schenkungen für geistliche Zwecke enthalten, (die geistliche Landtafel:), — die 7 libri Confirmationum, in welchen die Bestätigungen aller geistlichen Ernennungen eingetragen sind, — 12 libri judiciarii, in denen die Prozesse über geistliche Angelegenheiten abgewickelt werden. [2]) In

---

12), 1418 (L. X. K. 10); Nepomuk dagegen heißt es wieder in den von Palacky in seinen Archiv český gesammelten Urkunden in den Jahren 1356 (II. 182), 1410 (502), 1419 (II. 190).

[2]) Archiv des Prager Domkapitels.

diesen allen werden so viele Prager Domherren na=
mentlich angeführt, daß sich daraus eine complete
Reihenfolge derselben sicherstellen läßt. Da ist
aber nirgends im Jahre und um das Jahr
1383 ein Canonicus Johannes von Ne=
pomuk zu finden, — wohl aber späterhin und
fast unzählige Male jener Johannes von Ne=
pomuk, der bis zum Jahre 1390 in anderen
kirchlichen Aemtern stand, von 1390 bis
1393 aber als Archidiakon von Saaz dem
Prager Domkapitel angehörte.

Es ist noch überdies das Original=Auf=
nahmsprotokoll des Prager Domkapitels aus
der Zeit von 1378 bis 1389 erhalten.[3]) Da sind
nun nicht allein alle Domherren zu finden, welche
in diesen Jahren in das Kapitel eingetreten sind,
sondern es sind da auch überhaupt die damaligen
Kapitularen als Wählende namentlich angeführt.
Weder unter jenen noch unter diesen befindet sich um das
Jahr 1383 ein Johannes von Nepomuk. Aller=
dings schließt die lange Reihe der Wählenden stets mit
der Klausel „und die übrigen Canonici", die nämlich eben
abwesend waren. Aber die einmal Abwesenden er=
scheinen wieder bei einer zweiten Wahl als gegen=
wärtig, und dafür andere als abwesend. Wer möchte
da glauben, daß der sicher in Prag befindliche
Johannes von Nepomuk durch alle jene Jahre
von 1378 bis 1383 stets im Wahlkapitel abwesend
war? Dieser Umstand hat nun im vorigen Jahr=
hundert dahin geführt, daß ein standhafter Verthei=
diger des Martyrerjahres 1383 die Hypothese auf=

---

[3]) Liber Receptionum im Archiv des Prager Domkapitels.

stellte, ein dort genannter Johannes licenti=
atus dürfte unser Johannes von Nepo=
muk sein, [4]) da derselbe nach dem Jahre
1383 nicht weiter genannt wird. Zufällig
aber wissen wir gerade von diesem Johannes
licentiatus mit urkundlicher Gewißheit, daß er
nicht unser Johannes von Nepomuk war, denn
sein Grab befand sich an einer anderen Stelle des
Prager Domes (innerhalb der SS. Simon= und
Judakapelle), und sein Jahrgedächtnis fiel auf einen
andern Tag (12. Mai). [5])

4) Auch der Prager Erzbischof Johann von
Jenstein, der von 1379 bis 1396 die Prager
Diözese leitete, kannte keinen Martyrer
Johannes vom Jahre 1383. Nach der be=
kannten Ertränkung seines Generalvikars Johannes
Pomuk im Jahre 1393 überreichte nämlich dieser
Erzbischof eine noch vorhandene sehr ausführliche
Klagschrift beim apostolischen Stuhle. [6]) Da ist
Alles gesagt, was er gegen den König Wenzel zu

[4]) „Hic creditur esse B. Joannes de Nepomuk", so schrieb dieser
(Wahrlich von Bubna) an den Rand des genannten Registers.
[5]) Prager Kap. Archiv S. VI ex anno 1416. Abgedruckt in Tomek
Zaklady III. 248: „In die Nerei et Achillei fit com=
menda magistro Joanni Licentiato et debet cooperiri lapis
marmoreus, in quo est clypeus et sagitta, in capella Si=
monis et Judae." Von Johannes Pomuk heißt es dagegen:
„In vigilia Benedicti fit anniversarium Johanconi Pomuk,
quem rex Wenceslaus jussit submergere . . ., fit Commenda
ante altare S. Clementis, ubi lapis marmoreus jacet, in quo
scriptum est Johannes Pomuk, ubi modo est cancellum fer=
reum in circuitu.
[6]) Diese kam erst 1754 von Rom nach Böhmen. Abgedruckt in
Pelzels Gesch Wenzels IV., in Pubitschka's Gesch. Böhmens,
VII. Band. Seitdem entstand der Streit unter den Gelehrten:
Unusne aut duo Joannes?

2

klagen hatte, — nur kein Wort von einer ähnlichen Gewaltthat aus dem Jahre 1383, die er doch, wenn sie stattgefunden hätte, unmöglich verschweigen konnte. Eine solche war wohl auch im Jahre 1383 gar nicht denkbar; denn damals war Wenzel noch ein guter und gerechter König. Erst im Jahre 1390 soll er — angeblich in Folge eines Vergiftungsversuches — in jene Wuthausbrüche verfallen sein, die endlich seine Gefangennehmung im eigenen Lande zur Folge hatten.

5) Der doppelte Johannes, einer angeblich von 1383 und der andere von 1393, entstand erst durch die Unachtsamkeit des Chronisten Wenzel Hajek. Dieser gab im Jahre 1541 die erste umfangreiche böhmische Chronik im Druck heraus, die in anziehendem Style und in der böhmischen Volkssprache geschrieben — obendrein als die erste gedruckte Landesgeschichte — die allgemeinste Verbreitung fand. Ueber die seiner Zeit nahe stehenden Ereignisse schrieb er allerdings als unmittelbarer oder mittelbarer Augenzeuge oder wenigstens als Zeuge der damaligen Tradition; ältere Thatsachen mußte er aus zahllosen kleineren Aufzeichnungen und aus den Lokalberichten seiner Correspondenten zusammentragen, und hiebei bewies er leider wenig kritischen Sinn. So schrieb er nun auch über die Gewaltthätigkeiten des Königs Wenzel. Er fand da in den älteren Chronisten das Martyrerjahr 1393, und bei einigen späteren das Jahr 1383, und da meinte er die widersprechenden Angaben am besten zu vereinigen, wenn er treuherzig beim Jahre 1383 die bekannte Ertränkungsgeschichte erzählte, und eine gleiche beim J. 1393 etwas um-

ständlicher wiederholte. Ihm sollte nur der
Johannes von 1383 der heilige sein. Leider
schrieben dies weiterhin fast alle späteren Chroniken=
schreiber nach); denn Hajek war ihnen und dem ganzen
böhmischen Volke die einzige bekannte ältere Au=
ctorität geworden. Ein selbstständiges Forschen in
Urkunden und Handschriften war ja damals auch den
Meisten ganz unmöglich. So schrieben also jetzt auch
Johannes Dubravius (historia Bohemiae
1552), Martinus Boregh (historia Bohemiae 1587), Procopius Lupacius (Ephe-
meris rerum bohemicarum 1584), Thomas
Pešina von Čechorod (Mars Moravicus und
Phosphorus septicornis 1677), Georgius
Crugerius (Sacri pulveres 1669), Bohus=
laus Balbinus (Bohemia sancta 1682),
Gottfr. Henschenius (acta sanctorum 1680),
Johann Bečkovský (Poselkyně starých
příběhůw českých 1700). Andere, wie Belh.
Paprocky (Diadochos 1602), Georg Bar=
tholdus Pontanus (Bohemia pia 1608) und
Simeon Kapihorský (Hystoria kláštera Sed-
leckého 1630), ließen wenigstens das Jahr des
Martyrertodes unbestimmt. Wir werden übrigens
weiterhin noch andere positive Gründe der Identität
des Heiligen — angeblich von 1383 — mit dem
Johannes von 1393 kennen lernen. [7]

6) Unter dem Einfluße der angedeuteten Con-
fusion, welcher selbst die damaligen Historiker von
Beruf unterlegen waren, mußte später das Domkapitel
seine Erhebungen für den Heiligsprechungsprozeß ver=

[7]) Siehe § 13.

2*

anlassen. Diese geschahen gerade durch die Ge=
schichtskundigen jener Zeit. Ueber die Per=
son, das Martyrerthum, die stetige Ver=
ehrung und die geschehenen Wunderzeichen,
also über die Hauptpunkte selbst bestand
kein Zweifel. Bezüglich der einzelnen Lebensum=
stände legte man getreulich die Quellen vor. Es
waren dies (nach den Prozeßacten) — die Chronik
Hajek's, die deutsche Uebersetzung derselben von
Sandel, die Chroniken des Dubravius und Boregh,
die Hymnen des Pontanus und dessen Bohemia
pia, Cruger's Sacri pulveres, Pešina's Phos=
phorus, Balbin's Epitome, die Schriften von Pa=
procky, Kapihorsky, Georg Ferus, Albert Chanovsky,
Caraffa, Raynaldus und Adlzreiter. 8)

**Wer darf dann noch dem Prager
Domkapitel daraus einen Vorwurf machen,
daß es in diesen rein geschichtlichen Fragen
nicht höher stand, als die ganze Reihe der
besten Historiker jener Zeit?**

Wenn aber so einige Ungenauigkeiten in der
Angabe einzelner Nebenumstände unterliefen, so hatte
dies dennoch auf die bekannten Hauptfragen des
Prozesses gar keinen Einfluß. **Hier handelte sich's
eben nur um die stetige Verehrung, das Mar=
tyrerthum und die Wunderzeichen des allbe=
kannten Johannes im Prager Dome. 9)**

---

8) Die Auszüge wurden den Prozeßacten beigefügt.
9) Hiemit ist die Meinung widerlegt, die Verehrung im Volke und
die Heiligsprechung habe den Johannes vom J. 1393 gar nicht
zum Gegenstande gehabt. Ihr Gegenstand war eben der eine
und einzige Johannes von Nepomuk im Prager Dome. Was
kümmert sich namentlich das Volk um strittige Jahreszahlen!

§. 6 Urkundliche Nachrichten aus dem Leben des Johannes von Pomuk oder Nepomuk.

1) Am frühesten finden wir unsern Johannes in einer Urkunde der Erectionsbücher vom 20. November 1372, die Stiftung eines Jahresgedächt= nisses in der Pfarrkirche zu Patzau betreffend. Da= bei fungirte Johannes von Pomuk als No= tarius der erzbischöflichen Kanzlei.[1]

Wir bieten in der Beilage ein genaues Fac= simile der Schrift und des Notarzeichens[2] unseres Johannes aus dieser Zeit. Er nennt sich da Johannes natus olim Wolfflini de Po= muk — Johannes, Sohn des ehemaligen Wolfflin von Pomuk. Er war also unzweifelhaft aus Po= muk gebürtig; ein Sohn des dortigen Bürgers Wolfflin (Wölfflein)[3], und hatte damals bereits seinen Vater verloren. In Nepomuk kannte man nach Jahrhunderten noch das Haus seiner Geburt. Dieses wurde im Jahre 1643 mit Zuziehung zweier Nachbarhäuser in eine Kirche umgewandelt, wo be=

---

[1] Lib. Erect. I. edid. Borový p. 89.

[2] An die Stelle solcher Notariatszeichen traten später die Amtssiegel.

[3] Er hieß also nicht Johannes Hassil von Pomuk, wie Balbin meinte. Diese Annahme Balbins beruht lediglich auf der Mei= nung, der an der Saazer Stadtkirche irgendwo eingerißte Name Johannes Hassil Nepomucenus sei ein Monogramm des Heili= gen. Es ist aber bewiesen, daß der Grund zum Glockenthurme der Saazer Stadtkirche und muthmaßlich auch zu dieser selbst erst im Jahre 1383 gelegt wurde. Es steht ferner fest, daß der heilige Johannes sich später des Namens Hassil niemals bedient hat. Uebrigens vermuthete schon Berghauer, jener Johannes Hassil sei etwa ein Sohn oder Verwandter desselben Hassil ge= wesen, von welchem der Chronist der in der Nähe von Saaz gelegenen Stadt Laun sagt: „Im Jahre 1610 am 30. Juni starb zu Laun Simon Perzina und wurde begraben bei St. Peter. Man nannte ihn Hassil, gebürtig aus Nepomuk.“

reits das Bild unseres Heiligen oberhalb des Haupt-
bildes des hl. Johannes des Täufers zu sehen war.
Die örtliche Tradition erzählte dort von jeher: Johannes sei von seinen Eltern in ihren alten Tagen
erbeten und unter wunderbaren Himmelszeichen geboren worden. (Eidliche Zeugenaussagen im Prozeßver-
fahren.) Das Jahr seiner Geburt hätten wir —
das Alter des angehenden Notars auf 24 Jahre
gerechnet — um 1348 zu suchen.

Er heißt da ferner Clericus Pragensis dioe-
cesis, Kleriker der Prager Diözese. Somit hatte
sich Johannes den Studien gewidmet — dies ohne
Zweifel im nahen K l o s t e r N e p o m u k, wo ihn die
ununterbrochene Tradition als eifrigen Diener der
Ordenspriester beim heiligen Opfer ehrte. [4]) Die
höheren (geistlichen) Studien mußte er wohl in P r a g
zurückgelegt und dabei die besondere Aufmerksamkeit
und das volle Vertrauen seines Oberhirten sich erworben haben. So war er in den geistlichen Stand
der Erzdiözese (Clericus) aufgenommen und zur besonderen Dienstleistung bei der Diözesanverwaltung
herangezogen worden. Möglicher Weise aber hatte
er im J. 1372 erst die niederen Weihen erhalten,
da es damals Sitte war, auf die höheren Weihen
länger zu warten und warten zu lassen.

Er nennt sich Publicus auctoritate imperiali
Notarius, öffentlicher Notar kraft kaiser-
licher Auctorität. Kaiser Karl IV. hatte nämlich unterm 21. April 1358 den Prager Erzbi-

---

[4]) Ebendaselbst. Über die Annahme Balbins, daß Johannes in
Saaz studirt habe, siehe die vorige Note.

schöfen das Privilegium ertheilt[5]), öffentliche Notare zur Verfassung und Bekräftigung gerichtsgiltiger Ur=kunden zu bestellen. Solcher Notare bedurften sie unter Anderm in ihrer eigenen Kanzlei. Hier finden wir denn auch in J. 1373 unseren Johannes. Hier führte dieser vom 1. Jänner 1373 an bis in das Jahr 1380 insbesondere die Protokolle des geistlichen Gerichtes.[6]) Auch betheiligte er sich bei der Führung der bereits erwähnten Erec=tionsbücher.[7]) In dieser Stellung erwarb er sich ein so hohes Vertrauen, daß er schon im Jahre 1374 den Rang des ersten Notars der erzbischöflichen Kanzlei erlangte.[8]) In dieser Stellung — als Protonotarius — hatte er be=reits andere Notare unter sich, die in seinem Auf=trage und unter seiner Garantie Urkunden verfaßten und bekräftigten.[9]) Im Jahre 1375 heißt er auch schon Domesticus et Commensalis archiepis-copi, Haus= und Tischgenosse des Erzbischofs.[10]) Damals saß auf dem erzbischöflichen Stuhle der ebenso fromme als gelehrte und eifrige Ořko von Blašim (1364—1378). Wen dieser Erzbischof so sehr aus=zeichnete, der konnte nur unbescholten und musterhaft in seinem Wandel, eifrig und verläßig in seinem Wirken, liebenswürdig in seinem Benehmen sein. Wahrscheinlich war Johannes jetzt schon Priester geworden und hatte auch bereits in dieser Eigenschaft

[5]) Urkunde 11 Cal. Maji 1358 in meiner Kirchengeschichte Böhmens.
[6]) Diese eigenhändig geführten Protokolle bilden 3 Codices der Prager Kapitelbibliothek.
[7]) Lib. erect. ed. Borový I. 89, II. 127, 137 u. s. w.
[8]) Tomek Lip. Dějepis Prahy III.
[9]) Urkunde bei Berghauer 250, und unterschiedliche in Libris erect.
[10]) Tomek l. c. 183.

die besondere Zuneigung seines Oberhirten sich er=
worben. Um diese Zeit erhielt er auch durch die
Präsentation des Erzbischofs das Altarbeneficium
der Heiligen Erhard und Otilia im Pra=
ger Dome. [11]

2) Im Jahre 1380 hatte Johannes die
Führung des Protokolls beim geistlichen Gerichte
noch begonnen. Seine Schrift ist in dem betreffenden
Codex schon im Monate Januar öfters unterbrochen
und hört endlich im Monate August ganz auf.
Dafür heißt er jetzt Secretarius — Geheim=
schreiber — des Erzbischofs Johannes von
Jenstein. [12] Der neue Erzbischof, ein Neffe Ockos
von Wlaßim und früher Bischof von Meißen, hatte
sein Amt mit dem Entschlusse angetreten, „lieber
seine hohe Würde wieder zu verlieren,
als die Kirche seines Vaterlandes schlecht
zu regieren oder gar zu verderben. [13] Da=
rum war er vorerst selbst aus einem Weltmanne der
strengste Asket geworden. Die meiste Zeit verlebte
er entweder im Augustinerkloster zu Raudnitz oder
in der Karthause bei Prag. Er trug einen Buß=
gürtel, schlief auf bloßer Erde, geißelte sich bis aufs
Blut, fastete beinahe bis zum Uebermaß. Er brachte
ganze Nächte auf dem Georgsberge bei Raudnitz im
Gebete zu, wusch den bei ihm zusprechenden Bettlern
die Füße, arbeitete unermüdlich an asketischen und
homiletischen Werken. [14] Da liegt es nahe,

---

[11] Ebendaselbst.
[12] Ebendaselbst.
[13] Joh. de Jenstein relatio de se ipso in Fontes rerum husit. II. 32.
[14] Vita Joannis de Jenstein, von einem Zeitgenossen. Vergl.
Palacky III. 1. 35.

wie jener Mann beschaffen sein mußte,
den dieser Erzbischof in seine vertrauteste
Nähe zog und in dessen Hände er nach=
mals die ganze Verwaltung seiner Diö=
cese legte. Darum sagte die stetige Tradition
gewiß nicht zu viel, wenn sie unsern Johannes von
Nepomuk als eine Zierde der Priesterschaft, als ein
Muster der Heiligkeit pries. [15])

3) Johannes wurde im Jahre 1380
auch noch Pfarrer von S. Gallus — und
zwar durch eine päpstliche Provision, die er ohne
Zweifel auf die Verwendung seines Oberhirten er=
langt hatte. [16]) Solche Provisionen wurden auf
Grund hervorragender Verdienste ertheilt und waren
eben nichts anderes, als Aufträge des römischen
Stuhles an bestimmte geistliche Patrone, dem betref=
fenden Priester eine kirchliche Stelle zu verleihen. [17])
Die Kirche des hl. Gallus lag (und liegt noch
heute) in der Prager Altstadt, diente aber damals —
weil der noch im Bau begriffenen Neustadt zunächst
gelegen — als Hauptpfarre dieses neuen Stadttheils.
Urkundlich ist nicht sicher zu stellen, ob Johannes
diese Pfarre persönlich antrat, oder nach der häufigen
Sitte jener Zeit durch einen Stellvertreter (vicarius)
verwalten ließ. Es erscheint aber das Letztere sehr
wahrscheinlich, weil er sich von da ab auf die Erlan=
gung der höheren academischen Grade an der Prager

---

[15]) Zeugenverhör in den Prozeßakten.
[16]) Er zahlte hiefür im J. 1381 die übliche Taxe (Pr. Kap.-Arch.
Z. VIII. Siehe bei Tomek III. 158.) In den Confirmationsbüchern befindet sich hier eine Lücke.
[17]) Das Prager Kap.-Archiv besitzt solche Provisionsurkunden in
großer Zahl.

Hochschule verlegte und thatsächlich auch die Stelle
eines Altarpriesters im Prager Dome beibehielt [18]).
Ist dem so, dann sollte das ihm verliehene Benefi-
cium nur die Mittel bieten, um ihn für eine weitere
und höhere kirchliche Dienstleistung noch geeigneter
zu machen. Er schied also nicht von der Seite
seines Oberhirten, und blieb wahrscheinlich sein
Geheimschreiber und Rathgeber. [19]) In dieser Zeit
konnte der musterhafte Priester - wohl auch Beichtvater und Almosenier der frommen Königin
Johanna sein. Als solchen bezeichneten ihn
nachher die Legende und die Tradition. [20])- Diese
Königin starb am 31. Dezember 1386.

4) Im Jahre 1381 erlangte der Pfarrer von
S. Gallus, Johannes von Nepomuk, an
der Prager Hochschule die academische Würde eines
Licentiaten des Kirchenrechts (Licentiatus in decretis) und hiemit das Recht, sein
Fach an der Hochschule selbst zu lehren. [21]) Leh-
rende und Lernende waren damals in die vier Nati-
onen geschieden — die böhmische, die bairische, die
polnische und die sächsische. Unser Johannes
erlangte seine neue Gelehrtenwürde
hier als Mitglied der böhmischen

---

[18]) Tomek l. c. 183. Im Jahre 1384 erscheint an seiner Stelle
der Altarist Duraß (reg. decim. 12.)

[19]) Die vorhandenen Urkunden der Kanzlei nennen ihn nicht weiter
als Notarius.

[20]) Wir kommen hierauf an geeigneter Stelle zurück. Nur soviel
sei hier angedeutet, daß die Verfolgung des Beichtvaters nicht
nothwendig bei Lebzeiten dieser Königin erfolgen mußte.

[21]) Monumenta hist. Univ. Prag. I. 35. Die Promotionstaxe be-
trug damals 15 böhmische Groschen.

Nation.²²) Im Jahre 1387 wurde er ebendaselbst zur höheren akademischen Würde eines Doctors des Kirchenrechts (doctor in decretis) promovirt ²³) und hatte hiemit die höchste akademische Würde als Rechtsgelehrter jener Zeit erlangt.

5) Bei seiner Promotion zum Doctor des Kirchenrechts hieß Johannes von Pomuk bereits Canonicus Sancti Aegidii.²⁴) Er war also bereits in das zu jener Zeit an der Aegidiuskirche in Prag (der heutigen Dominikanerkirche) bestandene Collegiatkapitel als Mitglied aufgenommen worden. Dieses Collegiatkapitel war eine erzbischöfliche Stiftung (gestiftet von 1238, erneuert vom Bischofe Johann IV. von Dražic); der Erzbischof besetzte hier die einzelnen Kapitelstellen ²⁵) und zeichnete damit seine verdienstvollen Geistlichen aus. Die Ernennung unseres Johannes beweist dessen fortdauernde Beliebtheit bei seinem kircheneifrigen und sittenstrengen Oberhirten. Er blieb dabei auch noch Pfarrer von S. Gallus.²⁶) Gerade dieser Umstand legt uns den Gedanken nahe, daß er auch als Canonicus von S. Aegid ein Haus- und Tischgenosse und dabei der treue Rathgeber des Erzbischofs blieb. Der erzbischöfliche Hof in der Prager Kleinseite zählte eben — ähnlich dem königlichen — eine nicht geringe Zahl geistlicher Würdenträger. Unser Johannes war

---

²²) Ebendaselbst. Johannes gehört also beiden böhmischen Nationalitäten an, der deutschen nach der wahrscheinlichen Abstammung seines Vaters (Wölflel), der böhmischen nach seiner Gelehrtenlaufbahn.

²³) Ebendaselbst I. 3.

²⁴) Ebendaselbst.

²⁵) S. meine Kirchengeschichte Böhmens II. 175.

²⁶) Vgl. seinen nachmaligen Pfründentausch.

da wohl noch immer, was er im Jahre 1380 ge=
worden war, der Secretarius des Erzbischofs. [27])

§. 7 Fortsetzung.

6) Zu Anfang des Jahres 1389 ist Johan=
nes von Nepomuk auch bereits Canonicus
des uralten königlichen Collegiatkapitels
auf dem Wyšchrad. [1]) Er blieb dabei noch
immer im Besitze der Pfarrei S. Gallus. und Genosse
des erzbischöflichen Hauses. [2]) Die Legende und die
Tradition berichten aus der Zeit dieser Stellung
sein eifriges Wirken als Prediger in der Haupt=
kirche am Tein. In der That besorgten damals
die Wyšchrader Kapitularen dieses Predigtamt. Ja
dieses Kapitel hatte sogar noch lange vor dem Jahre
1274 die Pfarrei daselbst zu besetzen gehabt, und
dieses Recht im Jahre 1323 nach einem langen
Prozesse mit der Prager Stadtgemeinde neuerdings
errungen. [3]) Während es aber die eigentliche Seel=
sorge fortan durch Vicare versehen ließ, finden wir
dennoch einzelne Kapitularen als Zierden der dortigen
Kanzel. Es liegt deshalb nahe, daß auch unser Jo=
hannes diesem Beispiele folgte.

7) Im selben Jahre 1389 finden wir ihn auch als
Vicarius generalis in Spiritualibus (Stellver=
treter in den geistlichen Amtsgeschäften) des Erzbi=
schofs. Eben diese Erhebung zur höchsten Ver=

---

[27]) Als solcher hatte er niemals selbstständig zu urkunden, weßhalb
  in dieser Zeit sein Name in öffentlichen Urkunden nicht vorkommt.
[1]) Lib. Erect. III. C. 3 (37).
[2]) Dies als Generalvikar.
[3]) Tomek Gesch. Prags, I. 440—445.

trauensstellung bestärkt uns in der Annahme,
daß er seit 1380 ein treuer Hausgenosse und Rath=
geber des Oberhirten geblieben war, bestättigt aber
auch anderseits die heiligmäßigen Eigenschaften,
die ihm allein ein solches Amt an der Seite des
frömmsten, eifrigsten und strengsten Erzbischofs ver=
schaffen konnten. Von da an ist sein Name der
meistgenannte in allen kirchlichen Acten bis
zu seinem Tode. In den schon erwähnten Erec=
tionsbüchern erscheint er zum erstenmale am Samstag
vor Maria=Lichtmeß im Jahre 1389, wo er eine
Schenkung zur Pfarrkirche in Přibislau kirchlich be=
stättigte. ¹) Hier fungirte noch eine Zeit lang mit
ihm der greise Domcustos Cuněo von Třebovel,
der sich aber im Oktober desselben Jahres gänzlich
von der kirchlichen Administration zurückzog ⁵) und
im Jahre 1395 im Domkapitel starb. ⁶) In den
bekannten Confirmationsbüchern tritt er zuerst
am 22. September 1389 auf, wo er den neuen von
der verwitweten Kaiserin Elisabeth präsentirten Mel=
niker Probst Barnim Herzog von Stettin in
seiner Würde bestättigte. ⁷) Dort wie hier ist er
fortan mit geringen Ausnahmen der einzige Amts=
leiter. Nur vom 18. April bis 16. Mai 1390
und vom 5. Oktober bis Ende November 1392 ver=
sah ausnahmsweise sein College, der Official Nico=
laus Puchnik, seine Stelle. Außerdem confirmirte
Puchnik die Einsetzung unseres Johannes in sein

---

⁴) Erect III. 37.
⁵) Erect. III. 59.
⁶) Canon Cap. Prag.
⁷) Lib. confirm. IV.

Amt als Saazer Archidiacon. [8]) Eben so fungirte
er fast ausschließlich (wieder nur die Zeit vom 3.
Oktober bis 14. November ausgenommen) als Vor=
sitzender des geistlichen Gerichtes. [9]) So war er
also thatsächlich die Seele der damaligen geistlichen
Administration, und wir können bei Einsicht aller sei=
ner Amtshandlungen nicht umhin, die Genauigkeit
und strenge Gewissenhaftigkeit, sowie die ausgezeich=
nete Geschäftsgewandtheit des unermüdlichen General=
vicars zu bewundern.

8) Mit der Ernennung zum Generalvikar wurde
Johannes noch nicht ohne Weiteres Mitglied des
Prager Domkapitels. Er blieb vielmehr Canoni=
cus vom Wyšehrad und auch vorläufig noch Pfarrer
von S. Gallus. Aber am 26. August 1390 kam
im erzbischöflichen Amte ein Pfründentausch zu Stande,
der ihn in engere Beziehung zur Prager Domkirche
brachte. Er überließ nämlich mit oberhirtlicher Ge=
nehmigung die Galluspfarre dem bisherigen Saazer
Archidiakon Leonard, und übernahm dafür das
Archidiaconat von Saaz. [10])

Die Prager Diöcese war von Alters her in
die Archidiakonate Prag, Saaz, Leitmeritz, Bi=
lin, Bunzlau, Königgräz, Pilsen, Kaurim,
Bechin und Bischofteinitz eingetheilt. Die che=
maligen Archidiakonate zu Rokitzan, Raudnitz und
Zerčin waren längst erloschen. Ehedem hatten wohl
die betreffenden Archidiaconi ihren Sitz in den ge=
nannten Städten gehabt und von da aus eine ge=

---

[8]) Lib. erect. et confirm.
[9]) Acta judicialia ed. Tingl.
[10]) Lib. Confirm. V. ed. Tingl 28.

wiſſe ſelbſtſtändige Jurisdiction ausgeübt. Sie hat=
ten die Gerichtsbarkeit in Ehe= und Wucherſachen,
ſie viſitirten und ſtraften die Pfarrer und Decane, hiel=
ten Convocationen (Prieſterverſammlungen) und ſchrie=
ben ſelbſt gewiſſe Abgaben aus. Seit dem Aufkom=
men der Generalvikare und namentlich durch das
erſte Prager Provinzialkonzil war aber ihre Wirkſam=
keit auf Ehe= und Wucher=Streitigkeiten einge=
ſchränkt, und auch dieſe eingeſchränkte Wirkſamkeit
hatten ſie nur dann zu üben, wenn ſie in
ihren Sprengeln ihren wirklichen Sitz hat=
ten und ſelbſt rechtskundig waren. [11]) Im
Jahre 1390 finden wir aber die Archidiaconi
der böhmiſchen Diözeſe bereits insgeſammt
in Prag ſelbſt. Sie waren hier zumeiſt Mit=
glieder des Domkapitels [12]) oder der einzelnen Kol=
legiatkapitel, öfters auch Mitglieder auswärtiger
Kapitel, ja zuweilen auch nur Geiſtliche des erzbi=
ſchöflichen Hofes, in ſolchen Fällen aber in der Re=
gel auch noch Altarbenefiziaten der Domkirche. Sie
nannten ſich jetzt Archidiaconi N. et N. in Ecclesia Pragensi, Archidiaconi am Prager
Dome. Sie hatten hier ihre Sitze unmittelbar
nach den Reſidenzialdomherren und be=
dienten ſich wie dieſe des dem Prager Dom=
kapitel gewährten Privilegiums der weißen

---

[11]) Dudik Statuten des I. Pr. Prov. Concils 39 de officio archidiaconi.

[12]) Der Archidiaconus Pragensis war auch stets ein Prälat des
Prager Kapitels und hatte ausnahmsweise auch jetzt noch einen
ausgedehnteren Wirkungskreis. So viſitirte er 1379—1380 noch
ſein Archidiaconat. (Liber visitationis im Kap. Arch.)

Infel. [13]) So waren also auch jene Archidiaconi, die noch nicht wirkliche Residenzialdomherren waren, dem Domkapitel bereits aggregirt, [14]) und sie hatten gerade in ihrer Stellung die beste Gelegenheit und benützten selbe auch, um durch oberhirtliche Empfehlung und durch päpstliche Provision wirklich in das engere Gremium der Residenzialdomherren zu gelangen. Thatsächlich waren im Jahre 1392 sieben jener Archidiaconi bereits wirkliche Domherren. [15]) Was insbesondere unseren Johannes betrifft, so zählte er — weil ohnehin schon mit einem Wyšehrader Canonicate versehen — vorerst noch zu den dem Prager Domcapitel aggregirten Archidiakonen. Nach Außen hin galt er so ebenfalls als Canonicus Pragensis. Spätere Nachrichten nennen ihn endlich als wirkliches Mitglied des Domkapitels, — so das jeden Zweifel ausschließende ämtliche Verzeichnis der Jahresgedächtnisse (anniversaria) der Domkirche, [16]) die am äußeren Gitter seines Grabes angebrachte Gedenktafel [17]) und endlich alle nachmaligen Aufzeichnungen im Domkapitel selbst. Leider ist uns aus der Zeit von 1390 bis 1393 kein Aufnahmsprotokoll dieses Kapitels erhalten geblieben, und ebenso vergebens suchen wir aus dieser Zeit die Vertheilungs-

---

[13]) Tomek III 227.

[14]) Beneš de Weitmil 385: „omnes praelati et canonici, praebendati, nec non archidiaconi, qui censentur in ecclesia Pragensi instituti.

[15]) Nach urkundlichen Zusammenstellungen und dem Canon Cap. Prag.

[16]) S. Pešina phosph. 700: „Joannes Pomuk, decretorum doctor, canonicus Pragensis.

[17]) Zimmermann l. c. 51.

bücher (libri divisionum) desselben. Letztere beginnen erst mit dem 30. September 1393, also
erst nach dem Tode unseres Johannes.[18] So läßt
sich also der Tag seines Eintrittes urkundlich nicht
mehr sicher stellen. Der Umstand aber, daß er sich
noch am 3. März 1393 nur Archidiaconus
Sacensis in ecclesia Pragensi[19]), und im Jäner
desselben Jahres auch noch Canonicus Wyšehra-
densis nannte[20]), legt uns den Gedanken nahe,
daß jener Eintritt in den engeren Kreis der Resi-
denzial-Domherren dem Todestage ziemlich nahe lag.
Jedenfalls aber hat das Prager Domcapitel das
durch seine Jahresgedächtnisse und durch seine stetige
Tradition verbürgte Recht, den Johannes von Nepomuk sein Eigen zu nennen.

Legende und Tradition nennen unseren Johannes in dieser Zeit auch als eifrigen Verkün-
der des göttlichen Wortes im Prager Dome,
und es ist auch nicht zu zweifeln, daß der unermüd-
liche Stellvertreter des Oberhirten, der als solcher
so oft seine schriftlichen Worte an alle Christgläubigen[21])
zu richten hatte, es auch nicht unterlassen wollte, des
apostolischen Amtes auch auf der Kanzel der erzbischöflichen Kathedrale zu walten. Da lag es denn
auch nicht fern, daß er selbst jetzt noch ein gewisses
Ansehen beim Könige Wenzel und ein besonderes
Vertrauen bei der neuen Königin Sofia genoß.[22])

———

[18]) Libri divisionum im Pr. Kap. Arch.
[19]) Lib. Erect. IV. 57.
[20]) Lib. Confirm. V. ed. Tingl 151.
[21]) Universis Christi fidelibus — so beginnen alle seine sogenannten Patente in libris erect. et confirm.
[22]) Wir kommen später darauf zurück.

§ 8. Urkundliche Nachrichten über den Tod des Johannes von Nepomuk.

1. Wir bringen zuerst die ämtlichen Nach=
richten über den Tod unseres Johannes und stellen
hier obenan die Klagschrift, welche der Erz=
bischof Johann von Jenstein im Jahre 1393
an den römischen Stuhl sandte. Hier erfahren
wir, daß der Erzbischof kurz zuvor dem Könige eine
Beschwerde vorgelegt hatte, daß die königlichen Be=
amten die geistliche Jurisdiction verletzen, kirchliche
Censuren nicht achten; die Generalvikare an der Aus=
führung päpstlicher Erlässe hindern, kirchliche Bene=
ficien an sich reißen, die Freiheit der Ehe beeinträch=
tigen, Witwen und Waisen unterdrücken, Wohlthaten
und Schenkungen für die Kirche verbieten, die
Klöster aussaugen, die Geistlichen selbst mißhandeln.
Als der König diese Beschwerde unbeantwortet ließ,
schritt der Erzbischof zu einigen Excommunicationen.
Dazu kam nun die Bestätigung eines neuen
Kladrauer Abtes, welche gewisse Pläne des
Königs durchkreuzte. Ueber das Alles gerieth der
König in heftigen Zorn, und es hieß, „er wolle
sich an den erzbischöflichen Vicaren rächen."
Diese flohen deshalb zum Erzbischofe nach Raudnitz,
kehrten aber schon in wenigen Tagen auf Befehl des
Königs nach Prag zurück. In der Nähe der Jo=
hanniterkirche stießen sie auf den König, der den
Erzbischof und seine Begleiter mit fürchterlichen
Flüchen und Drohungen empfing. Im Kapitelhause,
wohin er die beiden Vicare nebst dem Domdechant
Bohuslaus (von Krnov) und den Canonicus Wenzel

beschied, schlug er dem Domdechant mit dem
Degenknopfe blutige Wunden in den Kopf
und ließ ihn dann ins Gefängnis werfen.
Die beiden Vicare, den Canonicus Wenzel und den
erzbischöflichen Hofmeister (Nepr von Roupov) ließ
er in die Folterkammer führen. Die beiden letz=
teren und der Official Puchnik leisteten den von
ihnen verlangten Eid ewigen Stillschweigens über
die erduldeten Martern und durften dann frei ab=
ziehen. Nur Johann Pomuk wurde zurück=
behalten. Der König selbst legte Hand
an ihn und brannte mit Pechfackeln seine
Seiten. Der Bericht schließt mit den Worten:
Der ehrwürdige Doktor Johannes, mein
geistlicher Vicarius, wurde nach einem grau=
samen Martyrerthume, und nachdem man ihm
die Seite derart verbrannt hatte, daß
er länger nicht hätte leben können, zum
Ertränken durch die Gassen und Stra=
ßen der Stadt öffentlich geführt, und mit
auf dem Rücken gebundenen Händen,
den Mund mit einem Holze auseinander=
gespreizt, die Füße in Form eines Rades
zum Kopfe gebunden, von der Prager
Brücke hinabgestürzt und ertränkt.[1]

Das ämtliche Protocoll des geistlichen

---

[1] Solus venerabilis Joannes Doctor et vicarius meus in Spiritualibus post dirum martyrium et combustum latus, propter
quae ulterius nullo modo vivere potuisset, ad submergendum
per vicos et plateas civitatis publice ductus, ligatis post ter-
gum manibus, os ejus quodam ligno aperiente, ligatisque ad
caput pedibus ad instar rotae, de ponte Pragensi hora noctis
quasi tertia in flumen projectus est et submersus.

3*

Gerichtes sagt in einer gleichzeitigen Randbemerkung zum 24. März 1393, an welchem Tage die Gerichtsfunktionen nach einer Unterbrechung von mehreren Tagen wieder aufgenommen wurden: Jo(annes) P(omuk) hat am 20. März seinen letzten Lebenstag beschlossen; seine Seele ruhe in Frieden.[2]) Zur Erklärung dieser sehr reservirten Bemerkung diene die Erinnerung, daß der genannte Nicolaus Puchnik in die Amtsführung unseres Johannes eintrat, derselbe, der nebst zwei anderen Leidensgenossen sein Leben durch Angelobung ewigen Stillschweigens gerettet hatte. In dieser Angelobung liegt denn auch der Grund, daß im Domkapitel selbst eine ausführliche Aufzeichnung des traurigen Ereignisses nicht stattfand. Man mußte sich hier (außer einigen kurzen chronikalischen Notizen) mit der Eintragung in die Nekrologien und Register der Jahresgedächtnisse begnügen, wobei es der kirchlichen Funktion wegen nur auf die genaue Angabe des Tages ankam, keineswegs aber auch auf das Jahr, das in allen älteren Nekrologien, die wir von anderwärts her kennen, fast immer ausgelassen ist.

In den Erectionsbüchern vollzog Johannes seinen letzten Amtsakt am 3. März 1393, indem er eine Schenkung zum Sct. Katharina-Altare in der Pfarrkirche zu Obřistwí bestätigte.[3])

In den Confirmationsbüchern ist sein letzter Akt am 10. März 1393 die Bestätigung des

[2]) Jo(annes) P(omuk) die XX. diem suum clausit extremum, cujus anima requiescat in pace. (Acta jud. edit. Tingl p. 3.)
[3]) Lib. Erect. IV. 60.

neugewählten Abtes Odolenus von Kladrau, der eben
der Vorwand für die Ermordung des pflichtgetreuen
Generalvikars werden sollte.⁴) Auch hier beginnt
die Amtsthätigkeit des Nachfolgers Nicolaus Puchnik
erst mit dem 24. März.

Das ämtliche Verzeichnis der im Prager Dome
abzuhaltenden Sterbegedächtnisse (Ordo Commendarum) sagt: In der Vigilie des h. Benedict wird das Jahrgedächtnis des Johanco
Pomuk gehalten, den König Wenzel ertränken
ließ; die Commenda geschieht vor dem
Altare des hl. Clemens, wo ein Stein
liegt, in welchem eingehauen ist: „Joannes
Pomuk", und wo jetzt ein Eisengitter sich
befindet.⁵)

Ein zweites Register der Jahrgedächtnisse im
Prager Dome sagt: Im J. 1396 gibt Geneczko
7 Schock (Groschen), versichert auf seinem
Hause in Aujezd (Prag) dem Herrn Nicolaus Puchnik zur Haltung eines Jahrgedächt-
nisses für Johannes von Pomuk, Saazer Archidiakon, ertränkt 1393.⁶)

Im 13. Bande der ämtlichen Erectionsbücher bekennt auch ein Aujezder Bräuer, Jezovezo,
unter'm 22. November 1396, daß Nicolaus Puchnik
auf seinem Bränhause 20 Schock Groschen angelegt
habe zu einem Jahreszinse von 2 Schock, der an das

---

⁴) Lib. Confirm. V. edit. Tingl 156—158.
⁵) Originalwortlaut siehe S. 17, Note 5.
⁶) Anno 1396 dat Geneczko 7 Sexagenas testudinem in domo
sua in Augezd Domino Nicol. Puchnik pro habendo anniversario Joannis de Pomuk, Archidiaconi Zatec. submersi 1393.
(Pubitschka, Unnsne 63.)

Domkapitel zu zahlen ist für das Jahrgedächtnis
des Doctors der Decrete und Saazer Ar=
chidiacons Johannes Pomuk. [7]) Dieselbe Stif=
tung erwähnt auch ein drittes Register des Kapitel=
archivs mit dem Beisatze, daß das Jahrgedächtnis am
XIII. Calendas Aprilis abzuhalten sei, [8])
welcher Tag stets auf den 20. März fällt. [9])

§ 9. Nachrichten der ältesten Chroniken.

1. Obenan steht der gleichzeitige Biograph
des Erzbischofs Johann von Jenstein, der
wahrscheinlich bereits Kenntnis von der erzbischöflichen
Klagschrift hatte. Derselbe berichtet: Johannes,
damals geistlicher Vicarius, ist durch
Gottes Gnade ein Martyrer geworden,
indem er gebrannt, mit Füßen getreten,
endlich ertränkt und durch glänzende
Wunder bekannt worden ist, — was,
weil erst jüngst geschehen und dem ganzen
Lande bekannt — obgleich des Andenkens
würdig und wie ich glaube, anderwärts
ausführlicher aufgezeichnet, hier nicht
erst eingeschaltet wird. [1])

Eine vom Historiker Palacky in der Sct. Marcus=
bibliothek zu Venedig aufgefundene Handschrift, die

---

[7]) Lib. Erect. XIII. 66.
[8]) Pro anniversario peragendo XIII. Calendas Aprilis. (Codex
arch. XXII., olim G. 25 in fine.)
[9]) Vergleiche die Calendarien unsres Breviers.
[1]) Joannes pro tunc Vicarius in spiritualibus Dei gloria Martyr
effectus, quia adustus, calcibus pressus finaliter est submersus,
clarescentibusque miraculis est ostensus, quod quia recens est
et toti patriae notum, quamvis dignum sit memoria, et alibi
credo quod plenius sint notata, hic minime inseruntur. (Vita
Joannis de Genczenstein ex Manuscripto coaevo gedr. Prag, 1793.)

dieser Auffinder selbst einem persönlichen Be=
kannten des Johannes zuschreiben zu müssen
glaubt, meldet: „1393. Den Priester Jo=
hannes, geistlichen Vikar des Erzbischofs,
und Doctor der Dekrete, ließ Er (K. Wenzel)
grausam foltern, brennen und zerfleischen
und dann im Wasser ertränken."[2])

Der österreichische Chronist Hagen
schrieb um das Jahr 1400: „König Wenzel
hat in dem Jahre, da man zählte nach
Christi Geburt 1393, in dem „Majen" den
biedern gottseligen Priester, Lehrer im
geistlichen Recht, genannt Meister Janko,
jämmerlich lassen säcken.[3])

Der gleichzeitige bairische Chronist Andreas von
Regensburg schrieb um 1415: „Dieser (K. Wen=
zel) ertränkte den Johannes, einen vorzüglichen
Doktor der Theologie, weil er gesagt haben
sollte, daß nur derjenige des königl. Namens
würdig sei, der sein Reich gut regiere.[4])

Ein bis 1419 reichendes Chronicon Pra=
gense sagt: Im selben Jahre (es ist hier eine
Lücke von 1390 bis 1394) wurde der ehrwürdige

---

[2]) 1393 D. Joannem presbyterum, Archiepiscopi Pragensis Vi-
carium in spiritualibus decretorum Doctorem crudeliter tritum,
combustum et evisceratum in aqua submersit. (Palacky
Ital.=Reise 96.)

[3]) Khunig Wenczla hat in dem Jaro, do man zalt n. Ch. G. 1393,
in dem majen piderben gotleichen Pfaffen, ain lehrer in geistlichen
Recht, genennt mayster Jancko, jämmerlichen lassen seckhen (üblicher
Ausdruck für ertränken, resp. in einem Sack.) (Dobneri Vindiciae 32.)

[4]) „Quod regi dixisset, eum esse dignum nomine regis, qui
bene regna regnaret." (Jo. Georgii Eccardi corp. hist. I. 2121.)

Doktor Johanko ertränkt, weil er den König wegen Sünden getadelt hat.[5])

Ein nur bis 1411 herabreichendes Chronicon von Leipzig (in der Prager Universitätsbibliothek) sagt: Im Jahre des Herrn 1393 am Sct. Benedictstage wurde zur Nachtzeit Johancko von Nepomuk, Doktor der Dekrete, ertränkt. Im selben Jahre war der Fluß Moldau so ausgetrocknet, daß die Leute von Podskal aus nur ein kurzes Brett legten und trockenen Fußes den Fluß überschritten; auch war das Wasser des Moldauflußes so grün geworden, daß die Leute nicht wagten, mit Flußwasser zu kochen, sondern mit Quellwasser.[6])

Ein Fortsetzer der Chronik des Benesch von Weitmühl, der über die hussitischen Bewegungen von 1409 bis 1412 als Augenzeuge schrieb, berichtet: Im J. 1393 nahe dem Sonntage Judica[7]) wurde Magister Johanko, Prager Doktor, ertränkt durch König Wenzel, und die Prälaten wurden mißhandelt.[8])

----

[5]) Anno eodem Johánco doctor venerabilis submersus est (eo, quod regem correxit de peccatis.) (Höfler huf. Geschichtsschreiber I. 5.)

[6]) A. D. 1393 submersus est Johanco de Nepomuk, decretorum doctor, in die S. Benedicti noctis tempore. Eodem anno in aestate fuit tantum exsiccatum flumen Wltaviae, quod in Podezkalo ponendo brevem asserem, transibant sicco pede flumen et aqua fluminis Wltaviae fuit effecta viridis sic, quod homines non audebant decoquere cum aqua fluminis, sed cum aqua fontium. (Höfler l. c. I. 7. 8.)

[7]) Ueber die Bedeutung des Statim dominica Judica reden wir später.

[8]) Anno 1393. . . . . ubi statim dominica Judica submersus fuit Magister Johanco, Doctor Pragensis, per regem Wenceslaum et praelati violatati fuerunt. (Dobneri Monum. IV. 64.)

Uebereinstimmend erzählt auch ein Chronicon der Prager Universität aus derselben Zeit: 1393 um den Sonntag Judica wurde vom König Wenzel der Magister Johanko ertränkt, und wurden einige Prälaten mißhandelt.[9]

Eine Pfälzer Chronik (in der Wiener Hof= bibliothek), die bis 1438 sich erstreckt, also ebenfalls dem Ereignisse nicht ferne stand, sagt: Im J. 1393 wurde der Doctor Johanko ertränkt.[10]

Die Chronik eines Ungenannten aus der Zeit um 1432 berichtet: Im selben Jahre 1393 wurde der berühmte Doktor Johannes, Vikar des Prager Erzbischofs, von der Brücke herab ertränkt. Im selben Jahre war eine große Trockenheit in Böhmen zum Andenken an diesen Doktor.[11]

Ein Manuscript aus dem Stifte Golden= kron aus derselben Zeit erzählt: Im Jahre des Herrn 1393 am S. Benediktstage wurde er= tränkt der Doktor Johanko . . . . . **und auf= gefunden** am Donnerstage, am Feste der Re= liquienausstellung, begraben in der Prager Kirche, glänzt durch Wunder, und ist deshalb ein Gitter um das Grab gemacht. ([12])

---

[9] 1393 . . . . ubi statim dominica Judica submersus est magister Johanco doctor, et aliqui praelati percussi per regem Wen- ceslaum. (Höfler l. c. II. 64.)

[10] 1393 submergitur Johanco doctor. (Höfler l. c. I. 47.)

[11] Eodem anno 1393 submersus est inclytus doctor Johannes, vicarius Archiepiscopi Pragensis de ponte. Eodem anno fuit magna siccitas in Bohemia in memoriam hujus doctoris. (Scriptores rèr. boh. II. 455.)

[12] A. D. 1393 in die S. Benedicti submersus est Doctor Jo-
hancho (decanus Pragensis) et inventus feria V. in osten-

Ein Chronicon Bohemorum um 1438 erzählt: „Im selben Jahre (es ist wieder eine Lücke von 1390—1394) wurde der ehrwürdige Doktor Magister Johanko, damals geistlicher Vicarius, ertränkt unter der Prager Brücke. ([13])

Ein besonders wichtiges Zeugnis ist endlich das des Wiener Universitätsrectors Thomas Eben= dorfer von Haselbach, der im J. 1433 als Ab= gesandter des Baseler Concils längere Zeit in Prag lebte. Dieser berichtet: Er (K. Wenzel) ließ auch den Johannes, Beichtvater seiner Gemahlin und Magister der Theologie, in die Moldau werfen, sowohl weil er gesagt hatte, daß nur Derjenige des königlichen Namens würdig sei, der gut regiere, als auch — wie erzählt wird, weil er das Beichtsiegel nicht verletzen wollte. ([14])

2) Wir lassen hier auch noch jene Chronisten folgen, welche vor 1480 ihre Chroniken beendeten.

So erzählt ein husitischer Fortsetzer Pul= kavas, dessen Zeugnis wegen seiner religiösen Partei= stellung nicht zu unterschätzen ist und der um 1470 schrieb: Im Jahre 1393 wurde der ehrwürdige Doktor und erzbischöfliche Vicarius Johannes

---

sione reliquiarum, sepultus est in ecclesia Pragensi, corruscat miraculis, ideo factum est cancellum in circuitu sepulcri. (Dobneri dissertatio 41.)

[13]) Eodem anno submersus est reverendus doctor Magister Jo= hanco pro tunc Vicarius in Spiritualibus, sub ponte Pragensi. (Dobneri Monum. III. 58.)

[14]) Confessorem etiam uxoris suae Joannem in theologia ma= gistrum, et quia dixit, hunc dignum regio nomine, qui bene regit, et ut fertur, quia sigillum confessionis violare detre= ctavit, ipsum in Moldavia suffocari praecepit. (Ebendorfer, liber regalis.)

ertränkt unter der Prager Brücke — auf Be=
fehl des Königs, weil er gegen seinen Willen
einen Abt zu Kladran bestätigt hatte; er
wurde begraben in der Prager Burg bei S.
Wenzel, wo sein Name in Stein eingehauen
ist mit einem Kreuze, welches Kreuz bis auf
den heutigen Tag **Niemand mit Füßen zu
betreten wagt.** [15])

Die von Palacky in die Scriptores rerum
bohemicarum aufgenommenen bis 1470 herabge=
gehenden Handschriften (ebenfalls Fortsetzungen Pul=
kava's) berichten die Ertränkung im Jahre 1393
wegen Bestätigung des Kladrauer Abtes, [16]) —
und ebenso die von Pubitschka benützten alten
Handschriften von Kuttenberg und Budweis. [17])

Wir schließen diese Berichte mit der Nachricht
des gelehrten Paul Židek, Doktors der Univer=
sitäten zu Padua und Bologna, der um 1470 als
ernannter aber nicht wirklich eingesetzter Dechant des
Prager Collegiatkapitels zu Allerheiligen am Hofe
des Königs Georg von Podiebrad lebte. In seinem
dem Könige gewidmeten Werke sagt er: Als Er
(König Wenzel) einen bösen Verdacht
gegen seine Gemahlin hatte, und diese
dem Magister Johann (Dechant von

---

[15]) Anno 1393 submersus fuit venerabilis Doctor Joannes Vicarius archiepiscopalis Pragensis sub ponte Pragensi ad man-
datum Wenceslai regis ex causa, quia contra voluntatem
ejus confirmavit abbatem Cladrubensem, et sepultus fuit in
arce Pragensi apud S. Wenceslaum, ubi nomen ejus Lapidi
insculptum existit cum signo crucis, quam crucem in hodier-
nam usque diem pedibus nullus calcare audet. (Dobneri
Mon. IV. 141.)
[16]) Scriptores rerum boh. III. 4. und Einleitung VII., VIII.
[17]) Pubitschka Unusne 15.

Allerheiligen[18]) gebeichtet hatte, ist zu ihm der König gekommen, auf daß er ihm sage, wem sie beiwohne, und als der Dechant nichts sagen wollte, ließ er ihn ertränken. Hernach ist der Fluß ver= trocknet.[19]) Obwohl hier eine Jahreszahl nicht beigesetzt ist, so setzt die Bemerkung von der Aus= trocknung des Flußes das Jahr 1393 außer Zweifel.

Wir schließen alle diese Zeugnisse, indem wir ausdrücklich constatiren, daß bis zum Jahre 1480 herab noch Niemand etwas von einem zweiten Martyrer aus dem Jahre 1383 gewußt hat.

§. 10. Spätere Nachrichten über das angebliche Sterbejahr 1383.

Erst nach dem Jahre 1480 tauchten plötzlich neue Nachrichten auf, welche den Ertränkungstod des Johannes in das Jahr 1383 zurückverlegten, dafür aber wieder einen Martyrertod im Jahre 1393 nicht kennen.

1) Das erste und Hauptzeugnis dieser Art, auf welches alle späteren Vertheiger des Sterbe= jahres 1383 das größte Gewicht legten[1]), ist eine kurze historische Zusammenstellung auf der inneren Seite eines Kapitelregisters

---

[18]) Dieser Titel war ein Irrthum. Allerheiligendechant war ur= kundlich von 1392—1410 M. Blasius Lupus. Er müßte es höchstens 1385 bis 1392 gewesen sein — nach Ulrich von Sulz= bach. (Urkunden bei Czejchik Gesch. des Allerheiligenkapitels, Manuskript.)

[19]) Aus dem böhmischen Original übersetzt. Das Original befindet sich in der Prager Kap.=Bibliothek.

[1]) Siehe Pubitschka Unusne, Berghauer Joannes Protomartyr 2c.

im Prager Domkapitel[2]). Da steht gleich obenan die Jahreszahl 1383, und in der folgenden Zeile die kurze Notiz: Johanko de Pomuk sub- mersus de ponte — Johannes von Po- muk, ertränkt von der Brücke.

Als Hauptzeugniß einer von allen älteren An- gaben abweichenden Meinung wurde diese Notiz einer sorgfältigen Untersuchung unterzogen.

a. Vor Allem ist zu constatiren, daß die Jah- reszahl 1383 nicht an der Spitze der ersten Zeile und der dort berichteten Ertränkung steht, son- dern oberhalb der ganzen historischen Zusammen- stellung, gleichsam als Gegensatz zu der Jahreszahl des letzten daselbst notirten Ereignisses 1483. Das Ganze sollte offenbar ein Ueberblick über gewisse von 1383 bis 1483 im Kapitel vorgefallene Begeben- heiten sein.

b. Der Verfasser dieser Notizen war unzweifel- haft der Domdechant Johann von Krumau, der im J. 1488 als hochbejahrter Greis starb. Die Zusammenstellung schließt eben mit den Schicksalen dieses Johann von Krumau und mit der Bemerkung: „Sic me Deus ex captivitate libe- ravit. — So hat mich Gott aus der Ge- fangenschaft befreit."

c. Die Absicht des Verfassers war, die Leiden der Prager Domdechante in den letzten hundert Jah- ren in Kürze aufzuzeichnen. Mehrere starben im Exile, einer ward vergiftet, der Verfasser selbst war erst 10 Jahre lang aus Prag vertrieben gewesen und erlitt

---

[2]) Es ist das der bei jenen Vertheidigern oft genannte Codex G. 25. (Archiv XXII.)

beim Pöbelaufstande im J. 1483 noch einmal dasselbe Schicksal. Er schrieb das Alles nur aus seiner
Erinnerung, die ihm aber leider arg mitspielte. Was
er über die Zeit von 1383 bis 1436 schrieb, da
ist keine einzige Zeile ohne einen Irrthum. Dechant
Bohuslaus resignirte nicht im J. 1417, sondern im
J. 1415. Johannes Duba war nicht der Vorgänger, sondern der Nachfolger des Johannes von
Kralowitz. Letzterer starb schon im J. 1430, konnte
also nicht im J. 1437 in den Prager Dom zurück-
geführt werden. Diese Rückführung durch Kaiser
Sigismund geschah auch nicht im J. 1437, sondern
im J. 1436.

d. Was aber bei allen diesen Irrungen das
Auffallendste ist: auch die Ertränkung im J.
1383 sollte ursprünglich einem Prager
Domdechant widerfahren sein, — u. zw.
dem erst im J. 1442 in aller Ruhe verstorbenen
Dechant Johannes von Duba. Das Wort
Pomuk in der ersten Zeile steht nämlich unter-
halb einer radirten Stelle; ursprünglich stand
an dieser radirten Stelle der Name Duba, der nach
Anwendung eines Reagenzmittels noch jetzt zu er-
kennen ist. Erst nachträglich wurde hier von gleicher
Hand, jedoch mit anderer Tinte der Name Pomuk
eingeschrieben. So wurde aber der Schreiber auch
noch der Urheber eines zweiten Irrthums. Einige
spätere Leser lasen da die Schicksale der Prager Domdechante und hielten deßhalb auch den Träger des
ersten corrigirten Namens für einen solchen Domdechant.

Dies ist also die gerühmte Hauptquelle eines

Martyrers vom J. 1383, — die hingeworfene Noti; eines gedächtnisschwachen Greises, im Namen selbst erst nachträglich verbessert, vielleicht nicht einmal zur Jahreszahl 1383 gehörig, und an der Spitze einer ganzen Reihe irriger Angaben stehend. Den Schreiber selbst, der jene Notizen nur auf die innere Seite eines Bucheinbandes schrieb, trifft dabei kein Vorwurf. Ihm standen ja noch keine Chroniken zu Gebote. Die Jahresgedächtnisse des Domes nannten — wie gewöhnlich — nur den Sterbetag. Ausführliche Berichte fehlten im Domkapitel; denn man hatte einst bei der Marter ewiges Stillschweigen geloben müssen. Aber ein solches Zeugnis kann doch unmöglich genügen, um die Existenz eines zweiten Martyrers Johannes darauf zu bauen.

2. In dieselbe Zeit des Dechants Johannes von Krumau fiel auch die Aufzeichnung einer jetzt verlorenen **Zittauer Chronik**. Dabei ist zu bemerken, daß das Zittauer Dekanat damals noch zur Prager Diözese gehörte, und daß obiger Johannes von Krumau der Administrator dieser Diözese war. Ueberdies hatte sich im J. 1420 ein Theil des Prager Kapitels nach Zittau gerettet und hatte dort bis zum J. 1436 gelebt. Die ämtliche und persönliche Berührung der Zittauer mit dem Prager Kapitel war also auch noch um das Jahr 1480 eine lebendige, und es liegt nahe, einen Zusammenhang der folgenden Notiz mit Johannes von Krumau zu vermuthen. Da hieß es nun in jener Zittauer Chronik: Im J. 1383 wurde der Kapellan[3]) ertränkt. In

---

[3]) Ueblicher Ausdruck für Hofkaplan, Beichtvater an einem fürstlichen Hofe.

diesem Jahre war in Böhmen ein König, der
eine Gemahlin hatte, die zu ihrem Beichtvater=
Kapellan ging, einem demüthigen und from=
men Priester mit Namen Johannes von Ne=
ponicz (statt Nepomuk), und da die Königin
diesem ihrem Beichtvater öfters beichtete,
wurde sie darob vom Könige öfters gescholten,
so daß der König vom Beichtvater wissen
wollte, was die Königin gebeichtet habe; und
da der Beichtvater dies dem Könige zu öf=
teren Malen verweigerte, ließ ihn der König
in den Fluß Moldau werfen, und so ward
er ertränkt.[4]) Ein anderer Martyrertod vom J.
1393 ist diesem Chronisten nicht bekannt.

3. Den genannten beiden Zeugnissen schließen
sich noch zwei Johannesgemälde an. Das
eine war ein Freskobild in der Altstädter Rathhaus=
kapelle, welches die Inschrift trug: Der heilige
Johannes von Nepomuk, ertränkt 1383.[5])
Das zweite Gemälde sah Pubitschka am Schluße des
vorigen Jahrhunderts im Besitze einer Familie von
Adlersfeld. Dieses trug rückwärts auf einem auf=
geklebten Pergamentstreifen die Inschrift: 1383, 20.
Mai; wahres Antlitz und Abbild des von
Wenzel IV. von der Brücke in die Moldau
gestürzten Canonicus Johannes von Pomuk,
aufgenommen von dem in der Kreuzkirche
hinterlegten Leichnam.[6])

---

[4]) Nach der lateinischen Uebersetzung Berghauer's II. 18.
[5]) S. Joannes Nepomucenus submersus 1383. Das Bild abgedruckt in Zimmermann's Vorboten.
[6]) 1383, 20. Maji ex deposito corpore in ecclesia S. Crucis Joannis de Pomuk Can. a Wenceslav IV. ex ponte in Molda-

Welchen Werth haben nun diese Zeugnisse?

Was vor Allem das e r s t e Bild anbelangt, so setzte man früher sein Alter auf das Jahr 1481, in welchem jene Rathhauskapelle laut dort vorhandener Inschrift renovirt wurde. Deutet aber schon die Kleidung des Heiligen auf eine spätere Zeit, so erfahren wir auch zum Ueberflusse, daß jene hussitisch gewordene Kapelle vom Kaiser Ferdinand II. in der Zeit von 1624—1631 zum zweitenmale, und zwar wieder als katholische Kapelle, restaurirt wurde, wie auch die oberhalb des Altars angebrachte Jahreszahl 1631 ausdrücklich andeutete. Obiges Bild rührt nun offenbar aus dieser zweiten Restauration her [7]), und beweist daher nichts Anderes, als daß man damals das Jahr 1383 für das Sterbejahr hielt.

Was dagegen das z w e i t e Bild betrifft, so war es zugestandener Maßen ein O e l g e m ä l d e [8]). Dieser einzige Umstand zeigt, daß sein Alter nicht über die Zeit vor 1480 zurückreicht; denn vor dieser Zeit war in Böhmen die Oelmalerei ganz unbekannt. Sachkenner wollten dieses jetzt verschollene Bild sogar in die Zeit des böhmischen Malers Carl Skreta, also nach 1641 versetzen [9]). Das Einzige, was daran befremdet, ist jener Pergamentstreif auf der Kehrseite des Rahmens mit seiner abweichenden Jahreszahl. Es war da leider selbst der Verdacht einer absichtlichen Nachahmung älterer Schriftzeichen nicht ausgeschlos-

---

viam dejecti vera vultus et imago. Titelbild zu Pubitschka's Gesch. 7. Band.
[7]) Die Altstädter Rathhauskapelle in Prag. 1857.
[8]) Pubitschka VII. 131 Note.
[9]) Bei Abel 31, 35.

sen[10]). Aber auch die Aechtheit zugegeben, so gehören doch auch diese Schriftzeichen in die Zeit um 1480, und wir hätten es da nur mit einer jüngeren Signatur eines viel älteren Originalbildes zu thun, die nachher auf eine spätere Copie dieses Originals angeklebt wurde. In keinem Falle ist damit mehr bewiesen, als mit allen vorhergenannten Angaben des Jahres 1383.

4. Den meisten Einfluß auf die Verbreitung der neuen Meinung über das Sterbejahr des hl. Johannes hatte seit 1530 jene Gedenktafel, welche damals der Domdechant Wenzel von Wolfenburg an dem von ihm angelegten Vorgitter des Johannesgrabes anbringen ließ.[11]) Sie lautete: Der ehrwürdige Magister Johannes von Nepomuk, Domherr dieser Kirche, Beichtvater der Königin, der bis zum Tode ein Bewahrer des heiligen Beichtsiegels gewesen ist, wurde auf Befehl Wenzels IV., Kaisers und Königs von Böhmen, von der Prager Brücke herabgestürzt, hat sich die heilige Krone des Martyrerthums erworben und liegt hier — durch Wunder verherrlicht — begraben. 1383.[12]) Es ist da

---

[10]) Maler Jahn bei Abel 35. Die Schrift ist bei Pubitschka VII. facsimilirt.

[11]) S. § 4.

[12]) Venerabilis D. Magister Joannes Nepomucenus, hujus sanctae ecclesiae Canonicus, reginae confessarius, quia SS. confessionis sigilli custos fuit fidelis usque ad mortem, jussu Wenceslai Imperatoris et Bohemiae Regis de ponte Pragensi in Moldavam praecipitatus, meruit s. coronam martyrii, sepultus hic jacet, clarus miraculis, anno 1383. (Diese Inschrift war da auch in böhmischer Sprache zu lesen; im J. 1619 von den Calvinisten zerstört — wurde sie 1621 noch etwas ausführlicher erneuert.) (Zimmermann Vorbote 51.)

gewiß in allen Stücken die im Domkapitel fortlebende Tradition zum Ausdrucke gekommen. Was aber die Jahreszahl anbelangt, so hat sich eine Tradition wohl niemals sehr um Jahreszahlen gekümmert; hier aber ist das Jahr 1383 gewiß nur ein Nachklang von Johannes von Kruman.

5. Wir haben hier alle jene Zeugnisse aufgeführt, die vor Wenzel Hajek das Jahr 1383 als Sterbejahr unseres heiligen Johannes genannt haben, — alle viel jünger, als die Zeugnisse für das Jahr 1393, und alle viel geringer an Bedeutung. Aber alle diese jüngeren Zeugnisse kennen dafür keinen Martyrer Johannes im Jahre 1393.

§ 11. Fortsetzung. Der doppelte Johannes.

Die Erfindung eines doppelten Johannes von Pomuk oder Nepomuk ist — wie wir bereits wissen — das beklagenswerthe Werk des Chronisten Hajek, der die Jahreszahlen 1393 und 1383 nicht besser zu vereinbaren verstand. Diesem Hajek galt nun der Johannes von 1383 (offenbar nach der erwähnten Gitter-Inschrift) als der Heilige, und so erzählte er nun von diesem: „Desselben Jahres (1383) hat sich der König großen Unordnungen ergeben, allerlei Spiele, Tänze ausübend. Seine Gemalin, eine ehrbare und tugendhafte Frau, hatte sich daher seiner Unsitten geschämt und ihn öfters vertraulich gerügt, und ihn ermahnt, seines guten Vaters eingedenk zu sein, der niemals dergleichen Sachen getrieben und Den-

4*

jenigen verabscheut haben würde, der Solches
sich zu Schulden hätte kommen lassen.
Durch solche Strafpredigten ward der
König wider seine Gemalin aufgebracht
und von Haß so sehr ergriffen, daß er
Anlaß suchte, sie ums Leben zu bringen.
Des Morgens nach dem Feste des hl. Sigismund hat er den Priester Johann von
Nepomuk zu sich berufen, welcher Magister
des Prager Studiums und Domherr der
Prager Kirche und Beichtvater der Königin und sehr gottesfürchtig war. Und er
frug sehr fleißig nach und begehrte
heimlich, daß er ihm offenbare, welche
Sünden die Königin Gott vor ihm gebeichtet habe. Er antwortete: König, mein
Herr, ich habe desgleichen nicht mehr im
Gedächtnis, und hätte ich es, so würde es
nicht ziemen, so etwas zu thun, sowie es
auch Euch nicht ziemt, darnach zu fragen.
Der König erzürnte, ließ ihn in ein schweres
unterirdisches Gefängnis werfen, und als
er nichts erfahren konnte, sandte er nach
seinem Gevatter, dem Scharfrichter, und
befahl ihn grausam zu peinigen. Und als
er auch auf diese Art nichts erfahren
konnte, befahl er ihn zur Nachtzeit auf
die Brücke zu führen und gebunden in's
Wasser zu stürzen und zu ertränken. Als
dies geschehen war, hat man in selber
Nacht und der folgenden viele himmlische
Lichter über seinem im Wasser liegenden

Körper gesehen. Als der König von diesem
Wunder hörte, fuhr er weg auf die Burg
Žebrak. Und die Prälaten der Prager
Kirche hoben den Leichnam aus dem
Wasser beim Kloster des hl. Kreuzes,
trugen ihn feierlich in das Prager Schloß
und begruben ihn mit großer Ehrerbietung in der Kirche des hl. Veit, dem Altar
der Aufnahme Mariens gegenüber, und
bedeckten ihn mit einem Steine. Nach der
Zeit sind bei diesem Grabe viele und verschiedene Wunder geschehen, und deshalb
haben ihn Viele für einen heiligen Martyrer erklärt.

Dann aber schrieb Hajek dasselbe nach, was
wir bereits von dem Martyrer des Jahres 1393
wissen: Und wer immer seine Heiligkeit anfocht und muthwillig das in den Stein gehauene Kreuz betrat, der ist an diesem
Tage einer Beschämung vor der Welt nicht
entgangen. Und die Prälaten haben an-
geordnet, das Grab durch ein eisernes
Gitter abzusondern.[1]

Dagegen schrieb Hajek zum Jahre 1393:
Desselben Jahres, den Tag nach dem Reliquienfeste, hat K. Wenzel den erzbischöflichen Suffragan Namens Doktor Johann[2]
zu sich berufen und ihn gefragt, warum
er gewagt habe, den Mönch Albert auf

---

[1] Aus dem Böhmischen. Der Altar M. Himmelfahrt befand sich
später nicht mehr an dieser Stelle.
[2] Suffragan — Weihbischof — war Johann nach den Urkunden nicht.

die Kladrauer Abtei zu bestättigen. Und der Suffragan antwortete: Gnädiger König, ich habe es gethan, weil ihn alle Brüder des Klosters zu ihrem Abt gewählt haben, und weil meine Amtsvorfahren in gleicher Weise dessen Vorgänger zu bestättigen pflegten. Und der König, seine billige Rechtfertigung hörend, befahl ihn zu ergreifen, und gleich dieselbe Nacht ließ er ihn auf die Brücke führen und ins Wasser werfen und ertränken.[3]

Dadurch war die Bahn gebrochen. Hajeks Chronik verdrängte für längere Zeit jede andere Meinung. Die ganze Reihe der Chronisten nach ihm schaute nicht mehr rückwärts nach den älteren Quellen, sondern schrieb dem Meister getreulich nach — und auf dieser Basis entstanden nun jene verschiedenen neueren Legenden, die man nachher beim Prozesse der Heiligsprechung vorfand.

§ 12. Der Todestag.

Steht nach dem Gesagten das Todesjahr des Johannes Pomuk (1393) außer Zweifel, so erübrigt nur noch die genaue Bestimmung des Todestages.

1. Die erzbischöfliche Klagschrift nennt zwar den Tag nicht, bezeichnet aber ganz klar, daß das traurige Ereigniß nach der Bestätigung des Kladrauer Abts (10. März) und kurze Zeit vor dem Palmsonntage geschah, der damals notorisch auf den 30. März fiel. [1]

---

[3] Aus dem Böhmischen.
[1] Die hier citirten Quellen sind in den früheren §§ angeführt.

Das amtliche Gerichtsprotokoll nennt aber ausdrücklich den 20. März als Sterbetag, während die übrigen Amtsbücher uns diesen Tag zwischen dem 14. und 24. März suchen lassen.

Das frühere erwähnte amtliche Verzeichnis der Sterbegedächtnisse setzt das Jahresgedächtnis — also auch den Sterbetag — auf die Vigilie (Vortag) des hl. Benedict. Das Fest des hl. Benedict fiel stets auf den 21. März, also war der 20. März der Sterbetag unseres Johannes.

Das gleichfalls erwähnte zweite Register der Jahresgedächtnisse setzt das Jahresgedächtnis unseres Johannes ebenfalls auf den 20. März. Auch das erwähnte dritte Register nennt denselben Tag — als den XIII. ante calendas Aprilis. So wurde es auch stets im Prager Dome gehalten.[2])

2. Hiemit ist also der Todestag des Johannes amtlich erwiesen. Daneben stellen sich einige scheinbar abweichende Angaben.

Das Chronicon Lipsiense (in der Prager Universitätsbibliothek) und die Handschrift von Goldenkron nennen den Sct. Benedictstag. Zur Erklärung diene aber, daß die Ertränkung zur Nachtzeit - in der 3ten Nachtstunde — geschah. Damals zählten Viele den Tagesanfang noch mit den Juden, also vom Untergange der Sonne an. Für diese war daher die dritte Nachtstunde unseres 20. bereits der 21. März, d. i. der Sct. Benedictstag.

Der Fortsetzer des Chronisten Benesch und die Prager Universitäts-Chronik reden von „Statim do-

---

²) Vergl. Pešina phosph. 700.

minica Judica"[3] — um den Sonntag Judica.
Dieses Statim erscheint häufig in der Bedeutung
„nicht lange vorher". Das Datum des Sonntags
Dominica ist aber im Protokolle des geistlichen Ge=
richts constatirt, wo den 24. März 1393 amtlich
der Montag nach Judica genannt wird.[4]

So herrscht also auch hier die volle Ueberein=
stimmung mit den amtlichen Angaben.

3. Dagegen verlegt der österreichische Chronist
Hagen den Todestag „in den Majen" — d. i.
in den Monat Mai und gab so wahrscheinlich die
Veranlassung, daß nachmals auch die späteren Legen=
denschreiber dieser Angabe folgten. Da aber Hagen
ausdrücklich das Sterbejahr 1393 nennt, so konnte
er auch kein anderes Martyrium meinen, als das
amtlich erwiesene vom 20. März. Es liegt also
hier ohne Zweifel ein Schreib= oder Lesefehler (Majen
statt Marzen) vor.

4. Der Chronist Hajek glaubte für den Mar=
tyrer von 1383 einen besonderen Sterbetag finden
zu müssen; er nannte den 11. Mai. Es war dies
der Sterbetag des oben erwähnten Johannes licentiatus, von dem wir aber nachgewiesen haben, daß
er nicht unser Johannes von Nepomuk war.[5] Nach
ihm gab es immer noch einige Verschiedenheiten in
den Angaben. Weleslawin (1590) nannte den 19. April
(13. cal. Maji), Crugerius (1669) den 2. Mai,
ein angeblich vom Propste Johann Dlouhovesky (1700)

---

[3] Ueber die Bedeutung des Statim vergleiche man Schellers Hand=
lexikon. Citirt wird Paladius.
[4] Vergleiche Acta judiciaria v. Tingl p. III.
[5] Vergleiche § 5, Nr. 2.

gesehenes (jetzt unbekanntes) Manuscript den 29. April, noch jüngere den 16. Mai. Es waren dies durchwegs Conjecturen, zumeist (wie sicher die vom 16. Mai) veranlaßt durch verunglücktes Suchen unter den verschiedenen Anniversarien im Prager Dome.

§. 13. Noch einmal die Identität des Heiligen und des Generalvicars Johannes von Nepomuk.

Wir haben früher die Existenz eines einzigen Martyrers Johannes Pomuk, beziehungsweise die Identität des heiligen Johannes mit dem Generalvikar Johannes Pomuk wohl behauptet, aber nur mit n e g a t i v e n Gründen bewiesen. Es gab im Prager Kapitel im J. 1383 keinen Johannes Pomuk, — es gab im J. 1383 keinen Martertod eines Johannes Pomuk, — weil für Beides kein Nachweis existirt. Jetzt sind wir aber in der Lage, die Identität des Heiligen mit dem ertränkten Generalvikar durch p o s i t i v e Gründe zu beweisen.

1. Der im Prager Dome im Chor-Umgange vor dem S. Clemensaltare in dem mit einem eisernen Gitter umgebenen und mit der Inschrift „Johannes Pomuk" bezeichneten Grabe ruhende Johannes war wirklich der ehemalige Generalvikar. Dies beweisen zwei der oben [1]) citirten offiziellen Verzeichnisse der Jahrgedächtnisse des Prager Doms. Das erste nennt als Sterbe- und Gedächtnistag den 20. März, das dritte diem XIII. Calendas Aprilis,

---

[1] § 8.

welcher Tag wieder den 20. März bedeutet. An diesem Tage wurde das Jahres-Gedächtnis auch allezeit wirklich gehalten. Nach Ausweis dieser Gedächtnisregister hielt die Prager Kirche sehr streng an der Einhaltung des Sterbetages für die Abhaltung der gestifteten Jahresoffizien und ebenso streng an der Festhaltung der Grabesstelle für die übliche Commendatio animae (Commenda). Bei letzterer wurde, wie das erste Verzeichnis ausdrücklich bemerkt, ein schwarzes Tuch über das Grab ausgebreitet und ohne Zweifel auch ein Kreuz zwischen zwei Kerzen aufgestellt. Dies war sogar noch bis in die neueste Zeit im Prager Dome üblich. Jene Verzeichnisse der Jahresgedächtnisse mit der Angabe der Grabstelle dienten zur Richtschnur für den geistlichen Sacrista, der noch bis jetzt alle kirchlichen Functionen des Kapitels anzusagen und dabei zu assistiren hat. Indem nun jene Verzeichnisse der Jahresgedächtnisse, die als unanfechtbar gelten müssen, ausdrücklich den 20. März als Sterbe- und Gedächtnistag nennen, meinen sie offenbar nur jenen Johannes Pomuk, der nach den oben angeführten urkundlichen, amtlichen und chronikalischen Aufzeichnungen wirklich am 20. März ertränkt wurde. Eine solche Ertränkung am 20. März fand aber nur im J. 1393 statt. Ein angeblicher anderer Johannes (von 1383) soll nach Annahme Hajeks und seiner Nachschreiber an einem andern Tage ertränkt worden sein, ist also sicher nicht der innerhalb jenes Grabgitters im Prager Dome Begrabene. Dieser ist vielmehr der am 20. März 1393 gemarterte Generalvikar Johannes Pomuk.

2. Es wird dies in dem oben citirten dritten

Verzeichnisse der Jahresgedächtnisse a u c h   a u s b r ü c k =
l i c h gesagt: Der Prager Bräuer Jezewczo hat
jährlich 2 Schock Groschen an das Domkapitel zu
zahlen für das a m 20. März abzuhaltende Jahres=
gedächtnis d e s J o h a n n e s P o m u k, 'S a a z e r
A r c h i d i a c o n s, — und nach der urkundlichen Auf=
zeichnung der E r e c t i o n s b ü c h e r vom 22. November
1396 beruhte dieser Jahreszins auf einer Schenkung
des Bürgers Janeczko zum Jahresgedächtnisse d e s
D o c t o r s d e r D e k r e t e u n d w e i l a n d S a a z e r
A r c h i d i a c o n s J o h a n n e s P o m u k.[2]) Dieser war
aber ganz unbestritten der Generalvikar, und sonach
lag nur einzig und allein dieser innerhalb des er=
wähnten Grabgitters begraben.

3. D a s P r a g e r D o m k a p i t e l k a n n t e v o r
H a j e k k e i n e n a n d e r n h e i l i g e n J o h a n n e s
v o n N e p o m u k, a l s d e n G e n e r a l v i k a r. Dies
erhellt aus einem Register der Kapitelurkunden, wel=
ches nach Tomek[3]) aus dem Jahre 1510 herrührt,
also wenigstens 30 Jahre älter ist als die Chro=
nik Hajeks. Hier wird unter Andern eine Ur=
kunde über das Kapitelhaus N. 68, IV. erwähnt,
d i e d e r h e i l i g e J o h a n n e s v o n N e p o m u k
v e r f a ß t h a t. Beatus Joannes de Nepomuk
me fecit, so sagt das Register. Die betreffende Ur=
kunde enthält die Schenkung jenes Kapitelhauses an
das Domkapitel durch den im J. 1374 verstorbenen
Domherrn und Leitmeritzer Archidiakon C t i b o r i u s

---

[2]) Erect. XIII. G. 5. pag. 66.
[3]) Literae super domo Stiborii in Hradczano, quam Wenceslaus
Radecz inhabitavit. . . . . . nunc vero praepositus Pragensis
eam tenet. Beatus Joannes de Nepomuk me fecit. (Tomek
zaklady III. 144.)

von Mlikovicz. Diese Urkunde hat nun der Beatus Johannes verfaßt, ein Beatus unzweifelhaft in dem einzig zulässigen Sinne eines kirchlich als „Selig" und „Heilig" Verehrten. Eine solche Urkunde durfte aber nach damaligen Gesetzen nur ein Notarius verfassen; der Notarius Johannes Nepomuk von 1374 war aber ohne allen Zweifel der spätere General= vikar. Also galt auch hier nur dieser Generalvikar als der als selig verehrte Johannes von Nepomuk.

So gewiß also das allbekannte Johannesgrab im Prager Dome der äußere Anhaltspunkt unseres Johannescultus ist, so gewiß nach dem stetigen Zeug= nisse dieses Cultus in jenem Grabe der als heilig verehrte Beichtvater und Canonicus Johannes ruht: ebenso gewiß ist dieser Johannes der einstige General= vikar Johannes von Nepomuk.

§. 14. Ursache und Veranlassung seines Todes. Johannes als Martyrer des Beichtsiegels.

Die Ursachen einer Thatsache liegen oft in einer fernen Vergangenheit; die Veranlassung aber ist ein oft nur kleines Ereignis der Gegenwart, das wie ein Feuerfunke den aufgehäuften Brennstoff entzündet. So können auch die Ursachen des Martyrertodes unseres Heiligen einer früheren Zeit angehören, während die Veranlassung desselben an sich eine minder wichtige sein konnte.

1. Als Veranlassung des Martyrertodes nennt man jetzt ziemlich allgemein die Bestäti= gung eines neuen Abtes des Benedictiner=

stiftes Kladrau. Diese Veranlassung finden wir
aber erst in wenigen späteren Quellen ausdrücklich genannt, während die älteren entweder
gar keine oder auch selbst eine andere andeuten.
Vorerst ist es unrichtig, daß die oft erwähnte
erzbischöfliche Klagschrift (1393) jene Bestätigung ausdrücklich als Veranlassung be-
zeichne. Als Veranlassung des Conflicts zwischen dem
Könige und dem Erzbischofe nennt sie vielmehr an einer
früheren Stelle das gerichtliche Vorgehen des
Letzteren gegen einige unverbesserliche Ver-
letzer der kirchlichen Rechte, die leider zur
näheren Umgebung des Königs gehörten. Da
heißt es, daß der König sich an den Vicaren des
Erzbischofs rächen wollte. [1]) Der Bestätigung
jenes Abtes ist erst in jenen späteren Zornesworten
gedacht, mit welchen der König den Erzbischof am
20. März 1393 überschüttete, und auch hier erst
in zweiter Reihe: „Du excommunicirst", so
rief der König, „meine Diener ohne mein
Wissen, und hast den Abt von Kladrau
bestätigt." Ja dieser Vorwurf galt hier nicht
einmal einem der erzbischöflichen Vicare.[2])

Die gleichzeitigen amtlichen Nachrichten erwähnen der besonderen Veranlassung mit
keiner Silbe. Ebenso wenig thun dieß die gleichzeitigen Chronisten.[3])

---

[1]) Im 26. Artikel: Cum percrebesceret fama, qualiter Rex nimium
iratus esset et meos Vicarios et ceteros multipliciter turbare
vellet. Die Vikare flüchteten deshalb zum Erzbischof nach Raudnitz.
[2]) Im 27. Klagartikel heißt es: haec verba dicens: Tu Archi-
episcope, tu excommunicas meos officiales me inscio, — et confir-
masti Abbatem Cladrub.
[3]) Siehe §. 9.

Der nächstälteste Chronist Andreas von Regensburg nennt sogar eine ganz andere Veranlassung, und ein Chronicon Pragense von 1419 stimmt ihm bei: Johannes habe den König zu tadeln gewagt. [4])

Erst der hussitische Fortsetzer Pulkava's (1470) und jene vier anonymen Handschriften, welche ebenfalls aus der Zeit bis 1470 herrühren und die Palacky im 3. Bande der Scriptores rerum bohemicarum verwerthete, nennen bestimmt als Veranlassung: weil Johannes den Abt von Kladrau bestätigte. Eine solche Angabe schließt also sicher nicht jeden Zweifel aus, und dies selbstverständlich auch dann nicht, wenn Hajek und seine Nachfolger sie treulich nachschrieben.

Völlig lächerlich aber ist es, wenn man unserem Johannes aus der Bestätigung des Abtes ein Verbrechen machen will. Damals bestand in kirchlichen Dingen nur ausschließlich das kirchliche Recht. Ein solches Recht war die freie Abtswahl nach der Erledigung des äbtlichen Sitzes, und dem Kloster Kladrau insbesondere war dieses eigentlich natürliche Recht noch von Päpsten und Königen und vom Könige Wenzel selbst urkundlich auf das Feierlichste garantirt worden. So hatten die Mönche von Kladrau im Jahre 1393 einstimmig den Bruder Albert Olenus zu ihrem Abte gewählt, und am 10. März bestätigte der Generalvikar diese Wahl im Namen des Erzbischofs, wie dies kraft allgemeinen Rechtes seit Jahrhunderten unbeanstandet

---

[4]) Ebendaselbst.

geschehen war.[5]) Johannes übte also nur sein un=
bestreitbares Recht und seine Pflicht. Aber diese
Bestätigung durchkreuzte einen Plan des
Königs. Ungeachtet der um diese Zeit notorischen
Ausschweifungen und Grausamkeiten desselben gab
es doch noch einige Geistliche, die am königlichen
Hofe um Gunstbezeugungen buhlten. Einer hievon
war der einst (1380) vom Domcapitel als Anhänger
des Gegenpapstes abgesetzte Domdechant Hinko
Kluk von Mukov[6]) (öfters auch Hanco genannt),
der es am königlichen Hofe zur Würde des obersten
Kanzlers und nebenbei zum Propste von Lübek gebracht
hatte. König Wenzel hatte diesem zu noch besserer Ver=
sorgung auch schon die Ernennung zum Bischofe von
Camin in Pommern erwirkt, aber das dortige Ka=
pitel wußte dessen wirkliche Einsetzung zu hindern.
Jetzt sollte dem Titular=Bischofe ein Bischofssitz in
Böhmen geschaffen werden, und hiezu war die Abtei
Kladrau ausersehen.[7]) Man wartete nur auf den
Tod des alten Abtes. Dann sollte der Convent an
einer Neuwahl gehindert und das Klostergut mit
Gewalt besetzt werden. Mit dem Papste Bonifa=
cius IX. (1389—1404) hoffte man wohl nach=
träglich fertig zu werden,[8]) da dieser den Abfall

---

[5]) Die ausführliche Urkunde bei Tingl. Confirm. V. 156 u. s. w.
[6]) Vgl. meine Kirchengeschichte Böhmens, 3. Band, S. 185.
[7]) Die Indentität dieses Hinco mit dem abgesetzten Domdechant ist
durch das an selben gerichtete Warnungsschreiben des apost.
Nuntius Ubaldinus dd. 7. August 1393 außer Zweifel gestellt.
(Dobner dissertatio de existentia divi Joannis Nepomuceni p. 20.)
[8]) Daß dieser Papst die Besetzung der Abtei sich schon vorher
reservirt und selbe dem Könige zugesagt habe, ist eine
durch keine Urkunde (die wir sonst sicher in den vollständigen
Acten jener Zeit finden müßten) bestätigte Behauptung; auch

des Königs zum damaligen Gegenpapste Clemens VII.
(1378—1394) nur durch die allergrößte Nachgiebig=
keit verhindern konnte. Angenommen, daß der Erz=
bischof von diesem Plane wußte, war er dann nicht
im Rechte, einerseits das Stift und das Erzbisthum
in ihrem Besitze zu schützen, und andererseits die
Erhebung einer wenigstens sehr zweifel=
haften Persönlichkeit zu hindern? Der
erzbischöfliche Generalvikar aber — was konnte er
anders, als einfach seines Amtes walten?

2. Zugegeben aber, daß die Bestätigung des
Kladrauer Abtes die Veranlassung zu dem ge=
waltsamen Tode unseres Johannes wurde, die
eigentliche Ursache dessen war sie sicher
nicht. Dies deutet schon die erzbischöfliche Klage=
schrift an, indem sie bemerkt, man habe schon lange
vorher gemeint, der König werde sich an
den Vicaren des Erzbischofs rächen. Hienach
war die später erwähnte Abts=Bestätigung nur der
letzte Tropfen, der das Gefäß zum Ueberfließen
brachte. Aber was war da Alles vorausgegangen?

Allerdings waren es die Generalvikare, welche
die dem Könige eben jetzt so lästige erzbischöfliche
Jurisdiction ausübten. Da sah es dem jähzornigen
Fürsten wohl nicht unähnlich, daß er nach dem Werk=
zeuge schlug, wenn er den leitenden Geist selbst nicht
treffen konnte. Es sah ihm auch nicht unähnlich,
daß er in diesen Vicaren die vermeintlichen Rath=

hätte, wenn eine solche geschehen wäre, gewiß keine giltige Wahl
und darum auch sicher keine erzbischöfliche Confirmation stattge=
funden. Es läßt sich actenmäßig nachweisen, daß die erzbischöfliche
Curie die päpstlichen Reservationen unzählige Male gehorsam
exequirte. Von einem Gegentheil liegt kein Beispiel vor.

geber vernichten wollte, die den Erzbischof zu der ihm so
verhaßten Strenge bewogen. Aber warum läßt
er endlich alle andern ihre Wege gehen
und behält sich nur unseren Johannes
zurück? Warum legt er persönlich die
brennenden Fackeln an seinen Körper,
warum martert er ihn eigenhändig bis
zum Tode?

Hier lag offenbar eine ältere und tiefere
Ursache zu Grunde. Eine solche ahnten auch die
bereits erwähnten ältesten Chronisten. Er habe den-
jenigen des königlichen Namens unwürdig genannt,
der nicht gut regiere, — so sagt der eine; — er
habe den König wegen seiner Laster getadelt, — so
berichtet der andere. Endlich sagt es jener Thomas
Ebendorfer von Haselbach (um 1430) offen
heraus: Wie man erzählt, habe Johannes
das Beichtsiegel nicht verletzen wollen.
Aber warum sagte und schrieb dies Niemand, so
lange König Wenzel und seine Gemahlin lebten?
Vorerst wäre das wohl ein allzugroßes Wagnis gewesen. Wie hätte es der gewaltthätige Fürst er-
tragen, wenn Jemand ihm so auch noch den letzten
Schein eines christlichen Fürsten geraubt hätte? Und
warum klagte es der Erzbischof nicht ausdrücklich
dem Papste? Einfach deshalb, weil es damals auch
für ihn noch ein Geheimnis war. Der gewissenhafte
Priester verschweigt nicht allein die ihm gebeichteten
Sünden, sondern auch die an ihn herangetretene Ver-
suchung zur Verletzung des Beichtsiegels. Ein solches
Geheimnis kann nur durch die Person des Versuchers
offenbar werden, und wurde es damals gewiß nur

5

im allervertrautesten Kreise des Königs. Erst der
Tod dieses Königs konnte den Mitwissenden die
Zunge lösen. Aber da wütheten wieder die furcht-
baren Husitenstürme. Wer dachte da sehr ans
Schreiben, und was haben diese Stürme alles —
namentlich auf katholischer Seite — vernichtet! Obgleich aber damals die katholische Kirche Böhmens
fast zu einer Ruine wurde, obgleich sie seitdem durch
140 Jahre keinen Oberhirten mehr hatte, obgleich
selbst das Domkapitel mehr in der Verbannung als
in der Heimath lebte: so erhielt sich dennoch eine
Ueberlieferung von der eigentlichen Ursache
der Ertränkung unseres heil. Johannes.
Zunächst gab ihr Paul Židek (1471) Ausdruck,
wahrscheinlich ohne von dem Berichte Ebendorfers zu
wissen. Darum sei Johannes ertränkt worden, weil der König bei ihm vergeblich
nach dem Beichtgeheimnisse seiner Gemahlin geforscht habe. Ebenso berichtet jener
Chronist von Zittau, der gewiß dem Ebendorfer
und Židek gleich ferne stand: der König habe
den Beichtvater Johannes zum öftern be-
drängt, die Beichte der Königin zu ver-
rathen.[3]

Diese Ueberzeugung lebte stetig fort. Wir
wissen nicht, ob sich eine besondere Gedenktafel schon
an dem ältesten um 1420 erwähnten Gitter des
Johannesgrabes vorfand. Sicher aber finden wir
eine solche bei der Erneuerung des äußeren Um-
fassungsgitters im Jahre 1530. Es liegt auf der
Hand, daß diese Gedenktafel — in böhmischer und

---

[3] Vergl. die Chronisten im § 9.

lateinischer Sprache nichts Neues sagen durfte. Sie lautete aber: Johannes ..... Beichtvater der Königin, treuer Bewahrer des Beichtsiegels bis in den Tod, ... liegt hier begraben. [4])

Nun trat auch schon die kirchliche Kunst als Zeugin auf. Ein Gemälde vom Jahre 1532 in der ehemaligen Universitätskirche der Utraquisten (der jetzt abgetragenen Frohnleichnamskirche auf dem Wenzelsplatze in Prag) stellte den hl. Johannes als Beichtvater dar, zu dem sich die weinende Königin hinneigt, um ihm ihr Herzensgeheimniß anzuvertrauen. Es trug die Aufschrift: St. Joannes Nepomucenus 1532.[5]) Bald gab es im ganzen Lande ähnliche bildliche Darstellungen in Menge.

Als Zeuge der allgemeinen Ueberzeugung seiner Zeit sprach auch der Chronist Hajek, indem er im Jahre 1540 den Tod unseres Johannes in der bereits erwähnten Weise[6]) schilderte. An diesen schloß sich im Jahre 1552 der Olmützer Bischof Johannes Dubravius in seiner Geschichte Böhmens, und so alle bereits weiter oben genannten Chronisten des sechzehnten und siebenzehnten Jahrhunderts.[7])

So konnten endlich im Processe der Heiligsprechung auch die ältesten Gedenkmänner das eidliche Zeugnis ablegen: man habe in Böhmen allezeit geglaubt, Johannes von Nepomuk sei als Martyrer des Beichtsiegels gestorben.[8])

---

[4]) Ebendort.
[5]) Zimmermann 62.
[6]) Oben § 11.
[7]) Oben § 5.
[8]) Acta canonizationis.

3. Aber welche war jene beichtende Königin?

König Wenzel IV. hatte bekanntlich nach einander zwei Gemahlinnen. Die erste — Johanna, eine Tochter des Herzogs Albrecht von Baiern-Straubing, starb am 31. December 1386.[9]) Die zweite — seit 1389 — war Sophie (Ofka), eine Tochter des Herzogs Johann von Baiern-München, welche ihn überlebte.

Zunächst constatiren wir, daß keiner der ältesten Chronisten, welche die Bewahrung des Beichtgeheimnisses als Ursache des Martyrertodes nennen, die betreffende Königin mit Namen bezeichnet. Der älteste — Thomas Ebendorfer von Haselbach — spricht von der „Gemahlin" des Königs; ebenso Paul Židek, — ebenso der Chronist von Zittau. Auch die Inschrift an dem Grabesgitter — um 1530 — nannte noch keinen Namen. Erst als man einen Johannes von 1383 und 1393 unterscheiden wollte, tritt allmählich ein bestimmter Name auf, der natürlich bei den Verehrern des Johannes von 1383 nur der Name der Königin Johanna sein konnte. Dennoch nannte selbst der Erfinder jener Unterscheidung Wenzel Hajek diesen Namen noch nicht. Ebensowenig thaten dies einige andere Chronisten, wie Paprocky (1602), Pontanus (1608), Kapihorsky (1630), ja nicht einmal Crugerius (1669). Selbst in der Legende unseres Breviers suchen wir

---

[9]) Chron. aron. bei Dobner III. 58.

den Namen vergebens. Dagegen finden wir aber
diesen Namen bei Dubravius (1552), in der
Bohemischen Chronica des Zacharias Krafft (1587),
bei dem Verfasser einer umfangreichen, aber damals
vom Domkapitel zurückgewiesenen Johanneslegende
des Bohuslaus Balbinus und Anderer. In der
That meinten jedoch alle Anhänger des Jahres
1383 die damalige Königin Johanna.

Konnte es diese Johanna gewesen sein?
Wir bejahen diese Frage. Nur war sie dann
selbstverständlich blos bis zum Jahre 1386 das
Beichtkind unseres Johannes, und es ist recht gut
denkbar, daß K. Wenzel noch im J. 1393 eine
Veranlassung haben konnte, den Beichtvater
seiner verstorbenen Gemahlin mit sündhaften
Zumuthungen zu verfolgen. Der König war
seitdem gänzlich ausgeartet. Von jeher jähzornig
und zur Sinnlichkeit geneigt, war er jetzt — angeblich in Folge eines Vergiftungsversuches — in
maßlose Trunksucht verfallen, und vergaß sich dabei
bis zur wahnsinnigen Wuth. Er umgab sich mit
gemeinen und unwürdigen Günstlingen und schenkte
seine sinnliche Liebe der Bademagd Susanna. Die
eigentliche Regierung wurde arg vernachlässigt. Da
war es nicht zu wundern, daß einzelne für den
Zorn des Königs nicht leicht erreichbare
Persönlichkeiten ihn mit Vorwürfen bedrängten.
Wir wissen dies von seinem Bruder Sigismund
und von seinem Vetter Jodok; wir wissen es vom
Erzbischofe, der deshalb das oberste Kanzleramt
verloren hatte; wir erfahren durch einige Chronisten,
daß auch die Königin darin nicht zurückblieb, ja

daß selbst der Generalvikar Johannes von Nepomuk es wagte. Endlich artete ja die Entrüstung
der Edlen des Landes — im Jahre 1393 — zu
einer förmlichen Empörung und Gefangennahme des
Königs aus. Wie nun, wenn da der erzürnte König
auf den Gedanken kam, einen seiner Bedränger
durch einen eben so schlimmen Vorwurf zu
entwaffnen, und wenn hiezu der ehemalige Beichtvater seiner Gemahlin Johanna behilflich sein sollte?
Gerade der Anfang des Jahres 1393, wo jene
Empörung bereits gährte, war für einen solchen Ver-
such die rechte Zeit.

Es ändert aber auch gar nichts an der Sache,
wenn das Beichtkind unseres Johannes die Königin
Sophia, oder wenn es vielleicht selbst beide Kö-
niginnen waren. In allen Fällen hatte die Wuth
des Königs gegen unseren Johannes denselben Grund.
Der gewissenhafte Priester raubte ihm die Möglichkeit,
sich seiner Bedränger zu erwehren. Einer bloßen
Eifersucht war der so tief gesunkene Fürst wohl
kaum mehr fähig.

Wir können also schon auf Grund der
vorliegenden geschichtlichen Aufzeichnungen
wirklich glauben, daß unser heiliger Johannes als Martyrer des Beichtgeheimnisses aus diesem Leben schied. Wir haben
dafür sogar weit zahlreichere, weit ältere und ge-
wichtigere Zeugnisse, als für die in jetziger Zeit so
viel besprochene Bestätigung des Kladrauer Abtes.
Aber auch von dieser stellen wir nicht in Abrede,
daß sie die unmittelbare Veranlassung des Martyrertodes war. Ja, hätte auch die Ertränkung unseres

Johannes gar keinen anderen Grund gehabt, so war und blieb dieser dennoch — ein Martyrer seiner Pflicht.

4. Nun tritt aber auch noch das volle Gewicht einer durch fast fünfhundert Jahre fortlaufenden und stets unveränderten Tradition hinzu. Was man sich schon in der Zeit des Thomas Ebendorfer (um 1430) ganz offen erzählte, das hielt die lebendige Ueberlieferung durch alle folgenden Zeiten fest: Johannes hatte die Heiligkeit des Beichtsiegels durch seinen Martyrertod besiegelt. Dies war insbesondere die stetige Ueberzeugung des Domkapitels, einer Körperschaft, die sich unablässig aus den gediegensten Männern des Landes ergänzte und so den großen Vorzug hatte, niemals altern zu können und niemals zu sterben. Wer jemals einer solchen Körperschaft nahe stand, oder ihr selbst angehörte, der weiß, was in einer solchen eine Tradition bedeutet. Diese wird da zu einem unanfechtbaren Gesetze, das mit einer heiligen Scheu und mit strengster Gewissenhaftigkeit von einem Jahrhundert zum andern festgehalten wird. Einer solchen Tradition gegenüber verschwinden fast die Zeugnisse der Chronisten. Der Proceß der Heiligsprechung stellte nun die auf den heiligen Johannes bezügliche Tradition des Domkapitels durch eidliche Erhebungen außer Zweifel.

Das Martyrium des Beichtsiegels blieb aber auch seit den Zeiten Ebendorfers die stetige und unveränderte Tradition des böhmischen Volkes. Aus dieser einzigen Ursache erklärte man sich die vielen Wunder, die im Laufe der Jahrhunderte das Grab des Heiligen verherrlichten.

Diese Ursache war es auch, welche die allgemeine Verehrung desselben — selbst außerhalb unseres Landes — zur Folge hatte. Was kümmerte man sich dabei um die Frage, ob es jemals noch einen zweiten Johannes gegeben habe? Was fragte das Volk überhaupt nach Jahreszahlen? Es hatte ja seinen wahren heiligen Johannes, den Martyrer des Beichtsiegels, in jenem allgemein bekannten Grabe im Prager Dome, und dies war es, was so viele hochbetagte Greise, die sich auch auf ihre Ahnen beriefen, im Canonisationsprocesse mit heiligen Eiden bestätigten. Johannes war der Martyrer des Beichtsiegels.

§. 15. Johannes von Nepomuk wurde seit seinem Tode stets als ein Martyrer und Heiliger verehrt.

Martyrer oder Blutzeugen heißen in der katholischen Kirche seit den ältesten Zeiten alle jene, die für ihren Glauben oder für ihre heilige Gewissenspflicht grausame Verfolgungen erlitten und einen gewaltsamen (blutigen) Tod erduldet haben. Als ein solcher Martyrer galt von jeher unser Johannes von Nepomuk.

So nennt ihn bereits im Jahre 1393 die nach Rom gesandte erzbischöfliche Klagschrift im 26. Punkte der Klage „jam Martyr Sanctus" — nunmehr den heiligen Martyrer. [1]

In der öfter erwähnten gleichzeitigen Bio-

---

[1] Acta in curia Romana archiepiscopi Joannis a Genczenstein. artic. 26.

graphie des Erzbischofs Johann von Jenstein lesen wir: Johannes, damals geistlicher
Vicar, ist durch die Gnade Gottes ein Martyrer geworden; denn gebrannt, und mit
Füssen getreten ist er endlich ertränkt und
durch glänzende Wunder bekannt geworden.[²]

In einem bereits erwähnten um 1416 verfaßten Urkunden-Inventar des Domkapitels[³]
ist auch eine von Johannes Pomuk als Notar im
Jahre 1374 verfaßte Urkunde,[⁴] die mit dem Beisatze bezeichnet ist: Beatus Joannes me fecit
— der selige (heilige) Johannes hat mich
verfaßt". Wie schon erwähnt wurde, kann das
Wort Beatus in keinem andern Sinne verstanden
werden, als in dem eines Heiligen oder Seligen.

2. Ein weiteres Zeugnis war das Johannesgrab im Prager Dome. Dieses war nicht ein
Grab, wie andere Gräber. Zunächst erfahren wir
aus der bereits erwähnten Goldenkroner Handschrift: Am S. Benedictstage ist Doctor
Johanko ertränkt — und am Donnerstage
zur Zeit der Reliquien-Ausstellung aufge-
funden und im Prager Dome begraben
worden.[⁵] Nach Hajek war es am Tage nach
dem Heiligthum (dem Reliqienfeste) gewesen, als König
Wenzel den Johannes ertränken ließ. Hat er darin
Recht, so geschah die Uibertragung noch innerhalb der

---

²) Vita Joannis a Genezenstein Cap. 15. p. 43. 44.
³) Arch. XXXV. 29.
⁴) Sie betrifft die damalige Schenkung eines Capitelhauses, „das
   jetzt Wenzeslaus Radec bewohnt" Radec starb im J. 1416.
⁵) Vita Joannis de Genezenstein. Note S. 46.

Oktav dieses Festes, wo noch immer zahlreiche Pro=
zessionen zur Verehrung der heiligen Kleinode in den
Dom zogen. So sollte also die große Volks=
menge Zeuge sein, wo man den Martyrer
begrub, damit fortan über den Ort seines
Grabes kein Zweifel entstehe.

Nach eingehenderen Berichten war der Leib des
Martyrers aus dem trocken gewordenen Flusse erho=
ben und zunächst in der Kirche der (polnischen)
Kreuzherrn mit dem rothen Herzen (am
Frantischek) aufgebahrt worden.[6] Von hier trugen
ihn die Prälaten der Prager Kirche feier=
lich auf das Prager Schloß und begruben ihn
mit großer Ehrerbietung in der Kirche zum
hl. Veit, dem Altare der Aufnahme Marias
gegenüber, im Umgange auf der Seite der
Burg.[7]

Dies Grab galt als das Grab eines Hei=
ligen: Damit es nicht unehrerbietig mit
Füssen betreten werde, war es bereits im
Jahre 1416 mit einem Gitter umgeben,[8]
und Leidende aller Art, besonders aber solche, die
für ihre Ehre fürchteten, suchten daselbst Trost und
Hilfe durch die Fürbitte des dort ruhenden Martyrers.

Am Reliquienfeste des Jahres 1420 (dem
letzten Sonntage im August) drang der husitische
Pöbel Prags in den Dom, zertrümmerte die meisten
Altäre und machte selbst Anstalt, das Gebäude zu
zerstören.[9] Nur der Muth und die Tapferkeit der

---

[6] Ueber die öfteren Reliquienausstellungen Pešina phosph. 709.
[7] Hajek, Pontanus u. A. über den Ort des Grabes Chron. Zittav.
[8] S. §. 4.
[9] Notiz im Urbar des Kapitels v. 1420.

Prager Bräuerzunft rettete damals den herrlichen Bau.[10])
Drei Viertheile der Bewohner Böhmens fielen vom
Glauben ab, der Dom stand 16 Jahre öde und geschlossen; aber stets blieb das Johannesgrab in
Andenken und Ehren. Denn auch um das Jahr 1470
hieß es noch in der Chronik des Fortsetzers Pulkava's — und dies von der Hand eines husitischen Verfassers: Das Kreuz auf seinem
(des Johannes) Grabe wagt noch bis auf
den heutigen Tag (also von jeher) Niemand mit den Füssen zu betreten.

Dies Grab wird immer berühmter. Zahlreiche
Wunder sind daselbst geschehen, wie es die am äußern
Grabgitter angebrachte Gedenktafel von 1530 verkündete. Da stand auch geschrieben: Johannes
. . . . . . hat die heilige Krone des Martyrerthums sich erworben und liegt hier
begraben. Wiederholt wurde solche Inschrift erneuert, bis endlich im Jahre 1696 ein förmliches
— nur Heiligen gebührendes — Castrum gloriae
über dem Grabe sich erhob.

3. Zur Zeit des Heiligsprechungsprozesses gab
es eine Menge alter Gemälde und Standbilder, die unsern Johannes von Nepomuk als
Heiligen darstellen und als solchen auch ausdrücklich
bezeichneten.

Zwei Gemälde dieser Art haben wir bereits
näher kennen gelernt, — das Freskogemälde in der
Altstädter Rathhauskapelle, und das von Pubitschka
beschriebene Oelbild. Das erstere zeigt uns den

[10]) Als Andenken stellte diese Zunft nachher den noch jetzt bewun-
derten Riesenleuchter in der S. Wenzelskapelle auf.

Martyrer im Chorkleide (dem Barium) der Prager
Domherren, in der Linken einen Palmenzweig, in
der Rechten das Evangelienbuch haltend, das Haupt
mit dem Heiligenschein umgeben. Es trug die Unterschrift: S. Joannes Nepomuk — der
heilige Johannes von Nepomuk. Das zweite
angeblich von der Leiche abgenommene „wahre Abbild" zeigt ebenfalls den Heiligen in gleichem Chorkleide auf der Todtenbahre liegend, in den Händen
ein Crucifix, um das mit einem Biret bedeckte Haupt
einen Kranz von fünf Sternen und darüber drei den
Leichnam betrachtende Engel. Die Unterschrift:
„Wahres Abbild des Johannes Pomuk.."
enthält wohl nicht ausdrücklich die Bezeichnung als
Heiligen, doch läßt das Bild selbst darüber keinen
Zweifel übrig. [11] Diese beiden Bilder sind nun
allerdings nicht so alt, als man vermuthete, reichen
aber doch sicher in die Zeit um 1630 zurück. Sie
können deshalb wohl als Zeugnisse für die auf ihnen
angegebene Jahreszahl 1383 nicht maßgebend sein;
aber sie sind dafür desto verläßigere Bürgschaften,
daß unser Johannes zur Zeit ihrer Entstehung, also
lange noch vor dem Prozesse der Heiligsprechung als
ein Heiliger galt.

Ein drittes altes Gemälde war einst
oberhalb eines Beichtstuhles in der ehemaligen Corpus-
Christi-Kirche auf dem St. Wenzelsplatze zu sehen.
Es trug die Jahreszahl 1532 und die Unterschrift
S. Joannes Nepomucky, — heiliger
Johannes von Nepomuk. [12] Sei es auch,

---

[11] Ueber beide Bilder §. 10, Nr. 5.
[12] Zimmermann Vorbote S. 62.

daß diese vordem utraquistische Kirche seit dem Jahre
1628 den Jesuiten gehörte, und somit jenes Bild
erst um diese Zeit an jene Stelle kam, so war es doch
älter, als der ganze Jesuitenorden selbst und bezeugte
wieder die viel ältere Verehrung unseres Johannes
als Heiligen.   Dabei ist aber besonders hervorzuheben,
daß dieses Bild den hl. Johannes als Beichtvater
der Königin darstellte: Johannes im Beichtstuhle
sitzend, zur Seite knieend die beichtende Königin in
Thränen.

Aus gleicher Zeit rührt das Gemälde oberhalb
des St. Sigismundsthores im Prager Dome her.
Es wurde im Jahre 1552 gemalt und im Jahre
1630 nur renovirt.   Hier erscheint Johannes inmitten
der böhmischen Landespatrone. — Oberhalb des Ein-
ganges der St. Adalbertskapelle ist ein anderes Bild
böhmischer Patrone mit der Jahreszahl 1576 zu
sehen.   Es sind St. Adalbert, St. Wenzel und St.
Johannes von Nepomuk mit der Unterschrift: Iste
tuus Čechia triumviratus — Dies, o Böhmen,
ist Dein Triumvirat. — Im Processe der Heiligsprechung wurden überdies noch andere alte Darstellungen des hl. Johannes untersucht und als un-
zweifelhafte Zeugnisse anerkannt: so ein Gemälde der
Patrone SS. Adalbert, Veit und Johannes von
1621, eine Johannesstatue aus derselben Zeit, das
Johannesbild am Hauptthore des Domes vom Jahre
1630; und uralte gelehrte Zeugen bestätigten es im
Jahre 1715 eidlich, daß sie schon in ihrer frühesten
Jugend nicht blos in Prag, sondern auch auf dem
Lande, nicht blos in Böhmen, sondern auch in
Mähren, Oesterreich, Schlesien, Ungarn, Baiern und

anderwärts solche Bilder und Standbilder des hl.
Johannes gesehen haben. [13]) In Böhmen war es
namentlich der Maler Carl Skreta, der um 1630
zahlreiche Johannesbilder malte, die heute noch in
manchen Kirchen erhalten sind. Ebenso alt sind auch
viele noch vorhandene Standbilder des hl. Johannes,
mit denen man namentlich gern die Brücken zierte.
Da fehlte es also gewiß nicht an augenscheinlichen
und greifbaren Zeugnissen, daß Johannes von Ne=
pomuk seit früher Zeit als ein Heiliger bezeichnet,
dargestellt und verehrt wurde.

4. Als der bekannte Chronist Hajek um
1540 seine Chronik schrieb, war er bezüglich der
Heiligkeit unseres Johannes unlengbar
nur der Dolmetsch der damals herrschenden
Ueberzeugung. Da heißt es nun: Viele haben
ihn (den Johannes wegen der Wunderzeichen) als
einen heiligen Martyrer Gottes erklärt,
und wer immer seine Heiligkeit anfocht,
.... der ist am selben Tage einer Beschä=
mung vor der Welt nicht entgangen. [14]) In
ähnlicher Weise nennt ihn Dubravius (1552)
einen heiligen unschuldigen Priester, Pa=
procky (1602) einen Martyrer Gottes, Pon=
tanus (1608) den heiligen Martyrer Jo=
hannes, und diesem Beispiele folgen fernerhin alle
Chronisten.

Als im Jahre 1619 auf Veranstaltung des
Dr. Scultetus, Hofpredigers des kalvinischen
Winterkönigs, die Domkirche alles katholischen

---

[13]) Summarium 150 u. ff.
[14]) S. §. 10.

Schmuckes beraubt wurde, berichtete ein Augenzeuge: „Die zwee eiserne Gatter von des heiligen Beichtigers Johannes Grab seyndt hinweggebrochen;" — und an einer anderen Stelle dieses Berichtes: „man hat auf beeden Seiten neben dem Chor, wo man zum Grab des heiligen Beichtigers Johannes herumgeht, mit Latten und Brettern verschlagen." [15]) So üblich war es damals, unsern Johannes einen Heiligen zu nennen.

Im Jahre 1621 (nach der Reconciliation des Domes) consecrirte der Erzbischof bereits einen Johannesaltar in der Kapelle, zunächst dem Johannesgrabe; allerdings lautete der volle Titel noch: Zu Ehren der Heimsuchung Mariä, der HH. Lucia und Otilia, Clemens und St. Johannes von Nepomuk. [16])

In Nepomuk selbst, dem Geburtsorte unseres Johannes, war dessen Geburtshaus (mit Zuziehung eines Nachbarhauses) schon im Jahre 1643 in eine öffentliche Kapelle umgebaut worden. Dort prangte auch bereits oberhalb des eigentlichen Altarbildes (St. Johann Bapt.) ein Bild des heiligen Johannes von Nepomuk. [17])

Im Jahre 1691 erbaute in gleicher Art ein

---

[15]) Briefe in Domdechants Barton Phosphorus continuatus Manusc. des Domcapitels.

[16]) Acta utriusque processus.

[17]) Ebendaselbst. Eine von gewisser Seite hervorgehobene angeblich gegentheilige Aussage des Dechant Nevšata ist ganz mißverstanden und von unsern Gegnern mißdeutet worden. Nevšata konnte als beeideter Zeuge nichts aussagen, was er als neulich angetretener Seelsorger noch nicht wußte. Aber gerade die Erbauung der Kapelle im Jahre 1643 bestätigt er ausdrücklich.

gewisser Christian Florian Heger von
Hegern mit Hilfe von Wohlthätern ein Kirch=
lein zu Ehren des heiligen Johannes von
Nepomuk in der Nähe des Klosters Emaus
(Skalka) und erwarb für dieselbe die Erlaubniß,
das Fest des hl. Johannes mit einer Oktav und
Ablaß zu feiern. Im Jahre 1706 entstand hier die
Bruderschaft des hl. Johannes, deren Mit=
glieder eine Johannesmedaille auf der Brust tragen.
— Im Jahre 1708 legte der Bischof Tobias
Becker in Königgrätz den Grund zur dortigen
Seminarkirche des hl. Johannes von Nepomuk.
Im Jahre 1720 wurde der Grund zur neuen Ur=
sulinerinnenkirche auf dem Hradschin zu
Ehren des hl. Johannes von Nepomuk
gelegt.

Im Jahre 1692 wurde eine ewige Lampe am
Johannesgrabe im Dome gestiftet.

Im Jahre 1693 consecrirte der Leitmeritzer
Bischof Jaroslaus Graf von Sternberg in
seiner Kathedralkirche einen Altar des heiligen
Johannes von Nepomuk.

5. Das Marterthum allein ist ein glänzender
Beweis der Heiligkeit. [18]) Dennoch fehlt es unserem
Johannes auch nicht an Zeugnissen seines
heiligen Lebens. Viele derselben haben wir be=
reits aus seinem öffentlichen Wirken entnommen. [19])
Der Erzbischof nannte ihn in seiner Klagschrift in
vorzugsweisem Sinne den „Ehrwürdigen“,

---

[18]) Vgl. §. 3.
[19]) Vgl. §. 6. 7.

wie keinen andern;[21]) ebenso die Biographie dieses Erzbischofs. Der Chronist Hagen nennt ihn den biderben gotleichen Priester, die Zittauer Chronik den demüthigen und frommen Priester. Der König Wenzel selbst bestätigte dies Alles durch jene Antwort, die er nach der Ertränkung den Abgeordneten des Erzbischofs gab: „Weil ihr ihn lobt nach dem Tode und sagt, daß er ein guter Mann gewesen, so will ich auch Euch ein Gleiches thun, damit man auch Euch nach Eurem Tode lobe.[22])

6. Aus allem dem ist begreiflich, daß im Heiligsprechungsprozesse die ältesten Gedenkmänner eidlich bezeugen konnten, sie hätten den heil. Johannes von Nepomuk von Kindheit an und von ihren Ureltern stets als einen Heiligen nennen gehört und eben so lange her Kenntnis von seiner stetigen Verehrung gehabt.[23]) Ja die im J. 1720 um die Heiligsprechung sich verwendenden auswärtigen Bischöfe und Fürsten erklärten sogar: Es sei in katholischen Ländern beinahe keine Stadt und kein Dorf, wo Johann von Nepomuk nicht einen Altar oder eine Bildsäule hätte.[24])

§. 16. Johannes von Nepomuk durch Wunder verherrlicht.

Nach der Lehre der katholischen Kirche verherrlicht Gott seine Heiligen durch Wunderzeichen. Nicht

[21]) Art. 27.
[22]) Hajek.
[23]) Acta process.
[24]) Acta process.

6

die Heiligen wirken diese Zeichen, sondern
Gott selbst, und Er wirkt sie, um die Gläu-
bigen aufzumuntern, in den Heiligen die
Wunder seiner Gnade zu verehren, ihren
Beispielen nachzufolgen und zu ihrer Für-
bitte Zuflucht zu nehmen.

1. Von Wunderzeichen zur Verherrlichung
des hl. Johannes redet zuerst der gleichzeitige Biograph des Erzbischofs, indem er versichert: Johannes sei (nach seinem Tode) durch glänzende Wunder bekannt geworden — „cla-
rescentibus miraculis est ostensus“.
Eine nähere Angabe der Wunder suchen wir hier
vergebens; er bemerkt aber, „daß er dies kurz er-
wähne, weil es als erst jüngst geschehen dem
ganzen Vaterlande bekannt sei und anderen Orts, wie er glaube, ausführlicher
aufgezeichnet sei.[1] So hat es also wahrscheinlich auch eine ausführliche Beschreibung des ganzen
Ereignisses und seiner unmittelbaren Folgen gegeben;
leider ist sie nicht auf uns gekommen.

In ähnlicher Art berichten auch einige Chronisten nur im Allgemeinen von Wunderzeichen, durch welche das Grab des ertränkten Johannes verherrlicht wurde. So sagt die schon erwähnte Goldenkroner Handschrift: Er (der im Prager
Dome begrabene Johannes) „glänzt durch Wunder“. Auch der Zittauer Chronist versichert: „Dieser Johannes wirkt durch die Kraft Gottes große Wunder“. Ebenso verkündete die Ge-

---

[1] Vita Joannis Genczenstein.

denktafel am äußern Grabesgitter: Johannes, ...
durch Wunder verherrlicht — liegt hier
begraben.²) Auch Wenzel Hajek fügt seiner besondern Angabe noch die allgemeine bei: „Nach der
Zeit sind bei diesem Grabe viele und verschiedene Wunder geschehen."

2. Einzelne alte Chronisten haben auch schon
einige Wunder namentlich angeführt. Zunächst
erzählt das alte (1411) Chronicon Lipsiense in der
Prager Universitätsbibliothek:³) Im selben Jahre
(der Ertränkung) ist der Fluß Moldau ausgetrocknet.

Die Chronik des Ungenannten aus der Zeit
um 1432⁴) sagt näher erklärend: „Im selben
Jahre war eine große Trockenheit in Böhmen zum Andenken an diesen Doctor. Man betrachtete also die Trockenheit als ein Strafwunder
für die Ertränkung des Johannes.

Aehnlich erzählt eine Tetschner Handschrift
um 1440:⁵) Im selben Jahre (1393) war
eine große Trockenheit in Böhmen zum Andenken an den Tod jenes ertränkten Doctors, so daß in Prag die Leute durch den
Fluß gingen, und das ganze Wasser war
grün wie Gras.

Auch Paul Židek (1470) erzählt: „Hernach
ist der Fluß vertrocknet, und als die
Menschen wegen der Mühlen nicht Brod

---

²) Vgl. die weiteren oben verzeichneten Quellen.
³) Höfler Geschichtsschreiber I. 7.
⁴) Scriptores rerum boh. II. 432.
⁵) In Scriptores rerum boh. III. 6.

hatten, haben sie angefangen, wider den König zu murren, und dies war der Anfang des Bösen."

Die „behemische Chronica Kraffts" (1587) berichtet: „Man schreibt, daß das Wasser selbst der Unschuld dieses Priesters Zeugnis geben, und dasselbe plötzlich ausgetrocknet, den todten Körper entblößet, und dasselbe dreier ganzer Tage also verblieben ist, bis der Priester wieder herausgenommen und zu S. Veit begraben worden."[6])

Der ebenso gelehrte als fromme Bischof Dubravius schreibt (1575) in gleicher Weise: Welch' ein heiliger und frommer Priester er (Johannes) gewesen, zeigte der Fluß selbst, indem er plötzlich so trocken ward, daß er den Leichnam des Ertränkten bloslegte, und drei Tage in diesem Stande blieb, bis der Ertränkte beim hl. Veit begraben wurde.

3. Das oft erwähnte Johannesbild — abgenommen vom Leichnam in der Kreuzkirche — zeigt bereits das Haupt des Heiligen mit einem Kranze von Sternen umgeben. Ueber diese Sterne erfahren wir zuerst Näheres von Wenzel Hajek, der in dieser Beziehung sicher nur als Zeuge der damaligen Tradition schrieb: Als dies geschehen war, hat man selbe Nacht und die folgende viele himmlische Lichter über seinem im Wasser liegenden Körper ge-

---

6) Cit. bei Zimmermann l. c. 85.

sehen, und als der König von diesem Wunder gehört hat, ist er auf die Burg Žebrak weggefahren."

Damals sagte auch bereits eine andere (rück=wärtige) Gedenktafel am Johannesgrabe: Sein Körper ist von Gott durch wunderbare Flammen und Lichter im Wasser, und an diesem Orte durch viele Wunder verherr=licht worden.[7])

Ebenso berichtet der gelehrte Propst Pontanus (1608): Er (Johannes) wurde durch Lichter, die in der Nacht über dem Wasser glänzten, wo sein Leib verborgen lag, als sichere Zeugen seiner Unschuld und Heiligkeit geoffenbart.[8])

4. Als eine wunderbare Erscheinung galt es auch, daß Niemand seinen Grabstein leicht=fertig betreten durfte, ohne am selben Tage eine Beschämung vor der Welt zu erfahren. Dies versichern die bereits erwähnten älteren und jüngeren Chronisten und nennen dies als die Ursache, daß man das Grab mit einem eisernen Gitter umgeben mußte.[9]) Eine derartige durch Jahr=hunderte fortlaufende Ueberlieferung konnte sich nur in Folge verschiedener wirklicher Vorfälle sich bilden. Als der kalvinische Hofprediger des Winterkönigs im Jahre 1619 die Ausräumung der Domkirche an=ordnete, weigerten sich selbst utraquistische und pro=testantische Arbeiter, Hand an das Johannesgitter zu

---

[7]) Zimmermann l. c. 53.
[8]) Ebendaselbst 89.
[9]) Siehe § 4.

legen. Nach Bericht eines Augen= und Ohrenzeugen
erklärte ein solcher utraquistischer Arbeiter: Behüt'
mich Gott, ich wollte nicht groß Geld neh=
men und solches thun, dann ich mein Lebe=
tage vielmal gehört, daß wer da mutwil=
liger Weiß auf dieses Grab mit Füßen
trete, derselbe Mensch soll vor Ausgang
des Jahres zu einen weltlichen Spott
kommen oder sonsten ein groß Unglück
haben. [10]) Als sich damals dennoch ein Frevler
fand, der die Axt gegen dieses Gitter erhob, ist er
— wie gleichfalls von Augenzeugen berichtet wird —
vom Grabe hinweg geschleudert worden
und hat gleich darauf unter jämmerlichem
Schreien und heftigsten Schmerzen seinen
Geist aufgegeben. Dieses Ereignis war eben
die Ursache, daß der Winterkönig den zum
Johannesgrabe führenden Chorumgang mit Latten und
Brettern verschalen ließ [11]), und wurde — ebenso
wie der ganze damalige Bildersturm — schon im
Jahre 1620 in Holz geschnitzt. Die betreffenden
Darstellungen schmücken noch heute die Außenseite
des Presbyteriums der Domkirche. Aehnliche Fälle
reichten auch noch bis in die Zeit des Heiligsprechungs=
processes herab und wurden damals durch eidliche
Zeugenaussagen erhärtet.

5. Dem Allen reihten sich von jeher zahl=
reiche wunderbare Errettungen und Kran=
kenheilungen an, die durch die Anrufung
des heiligen Martyrers erfolgt waren.

---

[10]) Bericht in Barton's Manusc. Phosphorus continuatus.
[11]) Ebendaselbst.

In den Untersuchungen des Heiligsprechungsprocesses wurde von den Tausenden solcher Ereignisse früherer Zeit Umgang genommen und nur auf die Erhebung und Prüfung einiger jüngst geschehenen näher eingegangen.

Hieher gehörte die Errettung der Stadt Nepomuk von der Pest durch die Anrufung des heiligen Johannes (1680); ferner die plötzliche wunderbare Heilung der Theresia Krebs aus Brüx, welche Veranlassung zur Erbauung der Johanneskirche der Ursulinerinnen auf dem Hradschin wurde; ebenso die wunderbare Rettung der Rosalia Hodanek in Strakonitz vom sichern Tode in den Fluthen der Wotawa, die Rettung eines gewissen Wenzel Bußek aus ähnlicher Todesgefahr, und die ebenso wunderbare Genesung der Prager Domherrn Steyer und des Veit Paderna von tödlicher Krankheit.[12] Im ersten Processe in Prag wurde auch der wunderbaren Rettung eines in Italien reisenden böhmischen Edelmanns gedacht, der in der Gefahr, unschuldig als gemeiner Verbrecher hingerichtet zu werden, mit Erfolg seine Zuflucht zum h. Johannes genommen hatte.[13] Alle diese Thatsachen wurden durch beeidete Zeugen sichergestellt. Am meisten Aufsehen erregte aber das Wunder der unverwesten Zunge unseres Heiligen.

Im Jahre 1719 sollte im Auftrage des römi-

---

[12] Summarium der Acten.

[13] Erwähnenswerth ist hier auch die Errettung des böhmischen Barons Wunschwitz, der in Paris wegen Tödtung eines Pfaues im Louvregarten hingerichtet werden sollte, aber durch die Anrufung des h. Johannes die Freiheit wieder erlangte. Zum Danke setzte er das erste Standbild auf der Prager Brücke, das später in einer Kapelle seines Hauses Nr. 794 auf dem Karlsplatze stand und jetzt in der Kirche zu Slatta sich befindet.

schen Stuhles das Grab des Heiligen untersucht werden. Der 15. April ward hiezu bestimmt. Mehr als 100 Zeugen erschienen im Dome, hochbejahrte, gelehrte und kunstverständige Männer, die alle feierlich beeidet wurden. Der Adel war durch den Oberstburggrafen Johann Josef Graf von Wrtby, durch den 80jährigen Reichsgrafen Ignaz Wratislaw Mitrowitz, durch die Grafen Franz Kwasegowitz, Johann Ernst Schaffgotsch, Leopold Trautmannsdorf, Wenzel Kinsky, durch die Freiherren Ferdinand Dubsky (Großprior und k. k. Statthalter), Wenzel Zampach und Peter Straka vertreten. Aus dem geistlichen Stande waren 2 Mitglieder des Domkapitels, 4 Ordensvorsteher, 3 andere Ordenspriester und 3 Pfarrer zugegen. Auch drei hervorragende Juristen, die Landesadvokaten Blowsky, (dieser als Procurator fiscalis im Processe,) Germetten und Hofmann, wurden beigezogen. Von besonderer Wichtigkeit war die Gegenwart von 15 Doctoren der Medicin, des k. k. Leibarztes Johann Franz Löw von Erlsfeld und der Doctoren Fuchs, Puchmann, Globicz und Meisner. Ueberdies waren noch 6 Chirurgen und einige sachverständige Handwerksmeister (Schlosser, Steinmetzer u. A.) zugegen. An der Spitze der ganzen Commission stand der Erzbischof Graf Ferdinand von Khünburg selbst.

So wurden zuerst die beiden (äußeres und inneres) Gitter untersucht und letzteres über 300 Jahre alt befunden. Dann wurde der Deckstein geprüft und die Inschrift desselben „Johannes de Pomuk" (ohne Jahreszahl) als eben so alt consta-

tirt. Darauf wurde die Erde an gute 2 Ellen tief
ausgehoben. Es zeigte sich ein größtentheils ver-
morschter hölzerner Sarg, — darin einige Ueberreste
der Domherrenkleidung, und endlich die Gebeine
des Heiligen in solcher Ordnung, daß
die anwesenden Heilkundigen erklärten,
es sei mit ihnen noch niemals gerührt
worden. Man fand die Kniescheibe am rechten
Schenkel abgeschlagen, das Hintertheil des
Hauptes an einer Seite durchgeschlagen und an
der andern Seite die Spuren einer schweren Wunde,
dies alles als sichere Zeichen eines gewaltsamen Todes. Im Haupte selbst fand man zum
Erstaunen aller Anwesenden die noch in ihrer
Gestalt und Farbe erhaltene eingetrock-
nete Zunge, welche von den Aerzten noch
insbesondere durch einen Einschnitt in
selbe als solche constatirt wurde. Alle anwesenden Aerzte erklärten einstimmig: „Die Zunge
sei im gewöhnlichen Laufe der Dinge zugleich mit den Augen das erste Opfer der
Verwesung; eine derartige Erhaltung
durch mehr als 300 Jahre sei ein wahr-
haftiges Wunder." Sodann wurde diese Zunge
in ein silbernes Gefäß eingeschlossen und versiegelt,
die Gebeine mit dem Behältnisse der Zunge wurden
in einen zinnernen mit einem Schlosse versehenen
Sarg gesammelt, dieser noch in ein eichenes Behältnis
eingelegt, und letzteres mit mehreren Siegeln geschlossen
und wieder in das alte Grab gesenkt.

Im J. 1721 wurde die Erhebung des
heiligen Leibes vom apostolischen Stuhle

gestattet. Da wurde die Zunge in ein mit
Gold gefaßtes Kryſtallgefäß eingelegt und wohlge=
ſchloſſen und geſiegelt, und ſo in die S. Wenzels=
kapelle zur Aufbewahrung übertragen.

Am 27. Jänner 1725 erfolgte im Auftrage
des römiſchen Stuhles eine zweite Unter=
ſuchung. Wieder waren wie im Jahre 1719
dieſelben angeſehenſten Aerzte und Rechtsgelehrten,
Adelige, Geiſtliche und andere Sachverſtändige und
Gedenkmänner beigezogen. Die Siegel wurden als
unverletzt, die Zunge ſelbſt als unberührt agnoscirt.
Während aber aller Augen auf ſelbe gerichtet waren,
ſahen ſie mit heiligem Erſtaunen, daß die ver=
ſchloſſene Zunge allmählich anſchwoll,
und daß ihre bisher dunkelrothe Farbe
von der Wurzel bis zur Spitze allmählich
in Purpurfarbe ſich verwandelte. Der
Einſchnitt vom Jahre 1719 dehnte ſich
derart auseinander, daß Alle die kleinen
Fäſerchen und Muskeln, die viel röther
als die äußern Theile waren, ganz deut=
lich wahrnehmen konnten. Man wollte
den Augen nicht trauen; man betrachtete
dieſe Zunge bei Sonnenlicht und im
Schatten: aber die Erſcheinung blieb
immer dieſelbe und dauerte vor Aller
Augen durch volle zwei Stunden, worauf
allmählich die frühere Geſtalt und Farbe
wiederkehrten. Dies wurde von allen Anwe=
ſenden, die überdies beeidet waren, in einem förmlich
unterſchriebenen und beſiegelten Protokolle beſtätigt.[14]

[14] Acta utriusque processus.

Sie alle — und ebenso die Beisitzer der römischen Congregationen erkannten hierin das **unleugbarste Wunder**. Die Congregation der heiligen Gebräuche (congregatio rituum) gab darüber die schöne Erklärung ab: „**In der That, dieses Glied, welches pflichtgetreu geschwiegen hat und zum Schimpfe und zur Beleidigung des Schöpfers — obwohl mit Verlust des Lebens — nicht reden wollte, spricht jetzt desto lauter und nachdrücklicher durch seine Unversehrtheit.**" [15])

§. 17. Die Heiligsprechung im Allgemeinen.

1. **Die Heiligsprechung** — oder Canonisation ist in der katholischen Kirche die feierliche Erklärung des Papstes, daß ein verstorbener Diener oder eine verstorbene Dienerin Gottes als ein Heiliger oder eine Heilige angesehen, und in der ganzen Kirche als solche verehrt werden dürfe. Durch eine solche Heiligsprechung wird also Niemand heilig gemacht, sondern

a) Er muß es von jeher wirklich gewesen sein; — daher ist es stets die erste Frage: **Ist die Heiligkeit (oder das Martyrerthum) erwiesen?**

b) Er muß (wenn es sich um einen Heiligen aus älterer Zeit handelt,) von jeher an einem bestimmten Orte verehrt worden sein, — und daher ist es die zweite Frage: **Ist die stetige Verehrung erwiesen?**

c) Er muß bereits von Gott selbst als Heiliger erklärt sein durch wunderbare Erhörungen seiner

---

[16]) Ebendaselbst.

Fürbitten, — und daher lautet die dritte Frage: Sind Wunder bewiesen?

Es kann also nur ein der Sache ganz Unkundiger an den Heiligsprechungen in der katholischen Kirche Anstoß nehmen.

Der eigentlichen Heiligsprechung geht immer die Seligsprechung (Beatificatio) voraus. Diese unterscheidet sich von der ersteren dadurch, daß sie eine vorläufige Gutheißung der Verehrung für einen Ort, ein Land, eine Diözese oder einen Orden ist. Auch soll die örtliche Verehrung eines „Seligen" an sich eine beschränktere sein.

2. Die Art und Weise, wie von Seiten des apostolischen Stuhles bei beiden Acten vorgegangen wird, schließt jede Gefahr der Uebereilung aus.

Vorerst hat der Bischof der Diöcese den ersten sogenannten Prozeß einzuleiten und durchzuführen. Er selbst oder ein von ihm delegirter Richter leitet die Untersuchung. Ein oder mehrere Postulatoren legen die gesammelten Voracten vor und beschaffen die geforderten Beweise. Ein Promotor fidei nimmt die allenfalls sich ergebenden Bedenken wahr und citirt auch seinerseits sachkundige Zeugen. Ueber die Voracten und weiteren Behauptungen werden die beigebrachten Beweise geprüft, desgleichen die beeideten Zeugen und Sachverständigen einzeln in der Art vernommen, als handelte es sich vor einem Kriminalgerichte um Leben und Tod. Bezüglich der etwa angegebenen Krankenheilungen müssen stets auch gewissenhafte Aerzte unter Eid befragt werden. Die Protokolle werden von beeideten Notaren geführt. Der Richter selbst fällt endlich das Urtheil und

legt es dem apostolischen Stuhle zur
Prüfung vor.

Hier wird von der Congregation der heiligen Ge=
bräuche (Congregatio rituum) streng untersucht, ob der
obige Prozeß giltig unter strenger Beobachtung aller For=
men instruirt, die Vorlagen gewissenhaft geprüft und die
Zeugen gehörig vernommen worden sind. Die hier ent=
deckten Mängel oder zu machenden Einwendungen sind
dann der Gegenstand neuer Verhandlungen. Erst wenn
dies Alles geordnet ist, erfolgt nach Abhaltung und auf
Einrathen dreier Congregationen der Cardinäle, und
nur dann, wenn wenigstens zwei Drittheile derselben
es befürworten, die Bestätigung und Gut=
heißung der bestehenden Verehrung oder
die sogenannte Seligsprechung.

3. In der Regel folgt erst nach Ablauf von
zehn Jahren, wenn nicht eine besondere Dispens er=
wirkt wird, der zweite Prozeß — zur eigent=
lichen Heiligsprechung. Dieser wird durch
vom apostolischen Stuhle delegirte Richter
in ähnlicher Weise am Diöcesansitze eingeleitet und
durchgeführt, in ähnlicher Weise in Rom geprüft und
berichtigt. Erst dann, wenn der römische Promotor fidei kein Bedenken mehr erhebt, (er heißt
wegen seiner Pflicht, auf alle Bedenken und Anstände
aufmerksam zu machen, beim Volke advocatus dia=
boli, diabolus rotae,) und wenn drei vom Papste einbe=
rufene feierliche Congregationen aller in Rom befindlichen
Cardinäle, Patriarchen und Bischöfe nach neuerlicher
Besprechung mit mindestens zwei Drittheilen der
Stimmen dazu einrathen, erfolgt endlich die Canoni=
sation selbst, indem der hl. Vater in einer Kirche

Roms vor den versammelten Kardinälen, Bischöfen, Priestern und Volke die Zulässigkeit der allgemeinen Verehrung des betreffenden Heiligen unter großer Feierlichkeit verkündigt und diese Verkündigung in einer eigenen Bulla der ganzen katholischen Welt mittheilt.

§ 18. Der erste Proceß zur Seligsprechung des Johannes von Nepomuk.

1. Die erste aktenmäßig vorhandene Anregung zum Processe der Heiligsprechung datirt vom Jahre 1675. Sie ging vom Prager Domkapitel — namentlich von dem damaligen Dechant Thomas Pešina von Čechorod aus, kam aber durch den Tod des Letzteren (1680) wieder in's Stocken. Eine zweite energischere Anregung geschah im J. 1696 durch Kaiser Leopold I. Am 6. November dieses Jahres forderte derselbe — in Anbetracht der großen Verehrung, die Johannes von Nepomuk aller Orten, besonders aber in Wien genoß — den Jesuiten P. Jacob Villi in Rom brieflich auf, ihm vom heiligen Vater die Concession zu erwirken, daß zu Ehren des verklärten Martyrers Johannes von Nepomuk das heilige Meßopfer dargebracht werden dürfe. Dieses Ansuchen gelangte zur ordnungsmäßigen Behandlung an den Prager Erzbischof Johann Josef Grafen von Breuner, der wieder unter'm 26. Februar 1697 das Prager Domkapitel zur Einleitung der nöthigen Schritte aufforderte. Dieses stellte sich aber anfangs

die Sache leichter vor, als sie wirklich war. Es
wollte einfach die Erlaubnis der Messe und des
Officiums erzielen — ohne den förmlichen Proceß.
Zu diesem Ende wurde unter'm 28. März 1697
der Säkularpriester Johann Heinrich Barthel
zum Procurator dieser Angelegenheit ernannt, der
nun im Namen des Capitels die Verhandlungen begann, die meiste Zeit aber mit der Sammlung der
benöthigten historischen Nachrichten zubringen mußte.
Die folgenden Kriegsläufe, der Tod des Kaisers und
die Beförderung des Procurators Barthel zum Domdechant und Generalvicar in Königgrätz, endlich auch
die damaligen Wirren des Kapitels mit dem Wyšehrader Kapiteldechant Macht, der als früheres Mitglied des Domkapitels mehrere einschlägige Acten bei
sich zurückhielt, — das Alles brachte eine Verzögerung
in die ganze Angelegenheit. Im Jahre 1706 war
man dem Ziele noch nicht näher gekommen. Nun
aber wurde wieder eifriger daran gegangen. Der
Cajetanerpropst und Consistorial-Assessor Johannes
Maria Hložek wurde als neuer Procurator aufgestellt, und dieser ging noch im Frühjahre 1706
persönlich nach Rom, um die Sache zu betreiben.
Leider strebte auch er nach der bereits erwähnten
Concession der hl. Messe, und so blieb auch seine
Vermittelung vergeblich.

2. Am 20. Mai 1715 beschloß endlich
das Domkapitel den Antritt des Proceß-
verfahrens. Es wählte und ernannte den damaligen Universitätsprofessor JUDr. Heinrich von
Germetten zum Postulator des Processes. Im
Kapitel selbst sollte jeden Freitag eine Specialsitzung

in dieser Angelegenheit stattfinden, um dem Procu=
rator alle erforderlichen Hilfsmittel ohne Ver=
zögerung zu beschaffen. In Rom wurde Abt
Joseph Gentili de Granatis als Agent
des Kapitels bestellt. Ebenso wurde auch in Wien
ein solcher Agent in der Person des Canonicus
Bartholomäus Dussini aufgenommen, beide
zu dem Zwecke, den Proceß möglichst zu fördern.

Am 11. Juni 1715 übergab Germetten
an den Erzbischof Ferdinand Grafen Khün=
burg das Ansuchen, den Proceß über den
Ruf der Heiligkeit und die stetige Ver=
ehrung zu eröffnen. Letzteres geschah mit
der ersten Sitzung am 5. Juli 1715. Als
Richter fungirte der Erzbischof selbst; Zum Pro=
motor fidei war der Consistorialfiskal JUDr.
Johannes Franz Blowsky bestellt; als Notare
dienten der Consistorialsekretär Johann Grüner
und der Pfarrer von S. Heinrich, Wenzel Gelinck.
JUDr. Franz Langer und der Jesuit P. Jo=
hann Steiner waren die beisitzenden Zeugen. Es
wurden im Ganzen neun feierliche Sitzungen abgehalten,
eine Menge Zeugen verhört, eine Menge geschichtlicher No=
tizen vorgebracht, eine Menge Berichte aus allen Gegen=
den des Landes und auch aus den Nachbardiöcesen zur
Kenntnis genommen. Wo die weite Entfernung
oder Krankheit das persönliche Erscheinen der Vor=
gerufenen verhinderte, wurden die Verhöre durch
Commissäre (judices remissoriales) vorgenommen.

Indes geschah auch am 15. April 1719 im
Auftrage des römischen Stuhles und behufs wesent=
licher Ergänzung des Processes die bereits erzählte

Eröffnung und Untersuchung des Johannesgrabes in der Domkirche.

Am 9. April 1720 war der erste Proceß
glücklich beendigt. Das Ergebnis lautete:

Erwiesen ist die Heiligkeit — beziehungsweise der Martyrertod, der als die
vollendete Form der Heiligkeit anzusehen
ist; — erwiesen ist auch — die Ursache
dieses Martyrertodes, die treue Bewahrung des heiligen Beichtsiegels.

Erwiesen ist die stetige Verehrung.
Erwiesen sind auch mehrere Wunder, die
durch die Fürbitte des Johannes von Nepomuk erfolgt sind.

3. So wurden nun die Acten noch unterm
9. April 1720 mit einem Berichte des Erzbischofes
an den heiligen Vater, und einem zweiten an die
Congregation der heiligen Gebräuche nach Rom ab-
gesendet. Beigefügt waren die damals beigebrachten
historischen Auszüge aus Paul Židek, Wenzel
Hajek, und dessen deutscher Uibersetzung von Sandl,
Johannes Dubravius, Martin Boregh
(1589), Bartholomäus Paprocky, Georg
Bartholdus Pontanus, Postilla concio-
num (1629), Simeon Kapihorsky, Albert
Chanovsky (1660), Johann Adelsreiter
(1662) und Bohuslaus Balbinus. Der Uiber-
bringer aber und nunmehrige Postulator beim apostolischen Stuhle war der Archidiacon des Domcapitels
Johann Ludwig Steyer. Dieser war immer ein
sehr warmer Verehrer des hl. Johannes von Nepomuk gewesen und hatte schon vordem als Stadtdechant

7

zu Tauß eine Kapelle daselbst zu dessen Ehren er=
baut, und späterhin als Domherr in Prag eine
zweite — unmittelbar an der S. Georgskirche. Jetzt
ließ er es sich nicht nehmen, persönlich in Rom die
Seligsprechung seines Schutzpatrons zu betreiben,
dem er — wie schon erwähnt wurde — sogar die
Rettung seines eigenen Lebens verdankte. [1]

Die Prager Erhebungsacten wurden nun unter
Befürwortung des damaligen kaiserlichen Bevollmäch=
tigten Cardinals Michael Friedrich Grafen
von Althann [2] von der Congregation der heiligen
Gebräuche sorgfältig geprüft und das Resultat dieser
Prüfung in Druck gelegt. [3] Mittlerweile liefen auch
zahlreiche Schreiben hoher und höchster Persönlich=
keiten ein, in welchen inständig um die Gewährung
der Seligsprechung gebeten wurde. Es schrieben der
Kaiser Carl VI. und seine Gemalin, der König
August von Polen und seine Gemalin, der Groß=
herzog von Toscana, die Churfürsten von Mainz,
Cöln, Baiern, Sachsen und Pfalz, — die
Cardinäle Schrattenbach in Neapel, Schön=
born in Speier, Csachy in Kalocsa, Althann,
damals in Wien, — die Erzbischöfe und Bischöfe
von Prag, Wien, Breslau, Paderborn,
Basel, Freising, Eichstadt, Brixen, Leit=
meritz und Königgrätz, — viele Aebte, Or=
densprovinziale und Kapitel, — die Uni=

---

[1] Siehe oben über die Wunder.
[2] Dieser war früher Propst in Altbunzlau gewesen, und war jetzt
Bischof zu Waitzen in Ungarn.
[3] Sacra rituum Congregat. etc positio 1711.

verfitäten Prag, Wien und Olmütz, — und endlich auch noch die drei Magistrate von Prag.[4]

4. Zunächst erfolgte die Gutheißung der Congregation. Sie lautet in amtlicher Form:

„Ob das vom Prager Erzbischof ge-
fällte Urtheil . . . . über die seit unvor-
denklichen Zeiten dem Johannes von Nepomuk erwiesene öffentliche. Verehrung
zu bestättigen sei." — „Die heilige Congregation
der Gebräuche hat vorerst den in der erzbischöflichen
Curie auf Befehl des Erzbischofs aufgenommenen Prozeß
geprüft, auch mündlich und schriftlich die Wohlmeinung
des Promotor fidei Prosper de Lambertini ein-
geholt, und zu erledigen befunden: Affirmative (bejahend), wenn es unserem heiligen Vater
gefällt. Gegeben am 15. März 1721."

Hierauf erfloß die päpstliche Bestätigung:

„Da wegen des Ablebens des Papstes Clemens
XI. seligen Andenkens von mir als Secretarius diesem
nicht mehr berichtet werden konnte, dieser Bericht
aber dem neuerwählten Papste, unserem heiligen Vater
Innocenz XIII. vorgelegt wurde, so hat Seine
Heiligkeit gnädig zugestimmt und den
Ausspruch der heiligen Congregation ge-
nehmigt." Am 13. Mai 1721.

Dann wurde unterm 7. Juni 1721 das kano-
nische Officium und die Messe de Communi Mar-
tyris sub ritu duplici für Böhmen, Deutschland
und die kaiserlichen Erbländer gestattet, und die Erlaubnis ertheilt, den Leib des Seligen in der Prager

---

[4] Diese Schreiben gedr. in Rom 1721.

Domkirche in der Mensa eines Altares beizusetzen und sein Fest am 16. Mai jedes Jahres zu begehen.

Erstere Gestattung wurde endlich am 25. April 1722 auf die Kirche all' Anima in Rom, am 17. April 1723 auf das Königreich Polen, und am 7. Juli 1725 auf die Insel Malta ausgedehnt.

Der fromme Archidiakon Steyer erbaute noch vor seiner Heimkehr in Rom bei S. Isidor einen Altar zu Ehren des heiligen Johannes. In Wien erhielt er zum Danke für seine Bemühungen vom Kaiser Karl den Adel. In Prag wählte ihn das Domkapitel am 20. April 1722 zu seinem Dom= dechant. [5])

5. Am 4. Juli 1721 wurde das Fest der Seligsprechung im Prager Dome gefeiert. Eine große Menge von Priestern und Volk hatte sich aus allen Theilen des Landes, ja selbst aus Oesterreich, Mähren, Ungarn, Polen und Schlesien dazu einge= funden. Der hl. Leib — unter Beiziehung einer Commission aus dem Grabe erhoben und in einen Krystallsarg verschlossen — wurde in feierlichster Pro= zession aus dem Dome über die geschmückten Burg= höfe und den Hradschiner Platz getragen. Ihm folgte der Erzbischof mit der in Krystall gefaßten heiligen Zunge. Hinter diesem schritt die eben in Prag an= wesende Kaiserin Elisabeth. Der hl. Leib ward nun auf einer eigenen Mensa unter einem Baldachine beigesetzt, die hl. Zunge aber im Reli= quienaltare aufbewahrt. Predigten in beiden Spra= chen, ein feierliches Hochamt und endlich ein solennes Te Deum laudamus schlossen die Feier. Auf den

---

[5]) Dies Alles nach den Orig. Acten.

Altären der Domkirche wurden nun im Jahre 1721 nicht weniger als 50.672 heilige Messen gelesen. An Communicanten zählte man dort von 1723 bis 1727 — nicht weniger als 7,286.477.[6])

§. 19. Der zweite Prozeß zur Heiligsprechung des hl. Johannes von Nepomuk.

1. Die Seligsprechung des Johannes von Nepomuk hatte in allen Schichten des Volkes die freudigste Aufnahme gefunden. Wie gern hätte man sich schon jetzt über das bisher übliche Maß der Verehrung erhoben. Je strenger dies aber die kirchlichen Normen hinderten, desto mehr drängte man von allen Seiten auf die Durchführung der förmlichen Heiligsprechung. Darum wurde Seitens des Domkapitels bereits im Jahre 1722 um die Einleitung des zweiten Processes in Rom gebeten, und schon unterm 26. September desselben Jahres erfolgte von dort aus die Bestellung der delegirten Richter und der übrigen Functionäre zur Durchführung des neuen — sogenannten apostolischen — Processes. Als erster Richter wurde der Erzbischof selbst eingesetzt, als zweiter und eventueller Stellvertreter des ersten — der Weihbischof und Dompropst Daniel Josef Mayer von Mayern, dazu als Mitrichter der Dom-Archidiakon Johann Moritz Wenzel Martini, der Domsenior Joseph von Laukisch, und die Domherren Rudolph Graf von Spork und Georg Johann Libertin. Zum Subpromotor fidei

---

[6]) Borovy S. Jan Nepom. 79 u. f.

(in Vertretung des römischen) wurde wieder der
J.U.Dr. und Advokat Josef Franz Blowsky,
und zu dessen Adjuncten der J.U.Dr. und Advokat
Franz Wilhelm Sonntag ernannt. Als Postulator war der J.U.Dr. und Advokat Johann
Georg Hoffmann aufgestellt. Gerichtszeugen
waren der Pfarrer bei S. Wenzel, Anton Michael
Cajo, der Canonicus von Allerheiligen und erzbisch.
Secretär Werner Conrad Boink und der erzbischöfliche Kaplan Josef Johann Gallasch.
Der Consistorialsekretär Johann Ritter diente
als Notar. Die apostolische Delegation lautete auf
ein Jahr.

2. Die Sitzungen dieses delegirten Gerichts be-
gannen am 12. März 1723. Diesmal handelte
es sich nicht mehr so sehr um den stetigen Cultus, —
als vielmehr um das Martyrium und die Wunder. Da wieder eine Menge Acten zu prüfen, eine
Menge Erhebungen zu veranlassen, eine Menge Zeugen (54) unter Eid zu verhören waren, so mußte
die apostolische Delegation unterm 22.
Juli 1723 und unterm 15. Juli 1724 —
jedesmal wieder auf ein Jahr erneuert
werden. Die bezüglichen Acten sind in sieben mehr
als faustdicken Foliobänden des Kapitelarchivs gesammelt. Ein Auszug derselben wurde nachmals
(1727) in Rom gedruckt. [1]

Vor Abschluß der Acten erfolgte am 17. Jäner
1725 eine neuerliche Recognition des heiligen Leibes. Wieder waren ebenso zahlreiche

---

[1] Die oft citirte S. Congr. Positio 1727.

und tüchtige Zeugen — wie im Jahre 1719 — zugezogen. Die Siegel wurden gelöst, der Sarg eröffnet, die Identität der Reliquien agnoscirt, — darauf der Verschluß wieder angelegt und die Wiederbeisetzung in der Altar-Mensa vollzogen.

Ebenso wurde am 27. Jäner 1725 unter Beiziehung derselben Zeugen die heilige Zunge neuerdings besichtigt, bei welcher Gelegenheit das bereits geschilderte Wunder der Aufschwellung geschah.[2])

3. Am 22. Juni 1725 war der zweite oder sogenannte apostolische Proceß glücklich zu Ende geführt. Unter demselben Datum wurden die Acten desselben — mit Beischluß der Acten des ersten Processes — nach Rom an die Congregation der heiligen Gebräuche eingesendet. Der Ueberbringer war der Consistorialkanzler und Kapitulardechant von Altbunzlau, Dr. Johann Frick. Diesem folgte aber bald der eifrigste Beförderer der Sache, der Domherr Rudolf Graf von Spork. Dieser hatte im Jahre 1719 im Prager-Kapitel ein neues Canonicat gestiftet mit einem Fonde von 25.000 fl., den er später noch um 5000 fl. vermehrte; überdies hatte er auch ein Wohnhaus für den neuen Canonicus zur Verfügung gestellt. Dafür hatte er nur die Bitte vorgelegt, unter andern Bewerbern auch selbst mit erscheinen zu dürfen. So war er am 15. März 1720 — damals 27 Jahre alt — einstimmig in das Kapitel und auf seine eigene Präbende gewählt worden. Von ganzem Herzen fromm und im Umgange überaus liebenswürdig, war

---

²) Protocollum visitationis 1725 in arch. cap.

er hier der Liebling Aller. Am 3. August 1722 unternahm er eine Pilgerfahrt nach Rom und unterstützte von dort aus den Proceß auf das Eifrigste. Nun weilte er bereits wieder dort und that alles Mögliche für die baldige Erledigung der Sache. Man konnte wohl auch keinen bessern Vermittler wählen, als „den Engel Böhmens" — wie man ihn in Rom allgemein nannte.[3]

3. Die Congregation der heiligen Gebräuche befaßte sich zunächst mit der Frage über die formelle Giltigkeit der in Prag geführten Processe. Diese Giltigkeit wurde auch wirklich schon am 3. August 1726 ausgesprochen und am 21. August auch vom hl. Vater bestätigt.[4]

Indes hatte Papst Benedict XIII. auch bereits ein engeres Collegium von Cardinälen zur eingehenden Prüfung der Acten und zur Berichterstattung über die wesentlichen Fragen der Canonisation eingesetzt: die Cardinäle Orighi, Belluga, Salerni, Cienfugos und Papia. Als Ponens (Vertheidiger und Antragsteller zur Canonisation) fungirte jetzt statt des abwesenden Cardinals Althann der Cardinal Alvarus Cienfugos, als Promotor fidei (Bekämpfer des Antrags) der Cardinal Prosper Lambertini. Dieses Collegium vollendete seine Arbeit noch im Jahre 1727 und veröffentlichte das Resultat im Drucke — gleichsam zur Beurtheilung der ganzen katholischen Welt.[5]

---

[3] Canon Capituli Prag.
[4] Sacra rituum congreg. Summarium super dubio, an constet etc. Romae 1727.
[5] Dies das eben citirte Druckwerk.

Am 12. Jänner 1728 trat das erste geheime Consistorium der Cardinäle zur Entscheidung der Frage zusammen: Ist Johannes von Nepomuk wirklich als Martyrer des Beichtsiegels gestorben? Die Entscheidung lautete einstimmig bejahend. [6])

Am 18. Jänner 1729 folgte nach einer neuerlichen Untersuchung über die seit der Seligsprechung geschehenen Wunder das zweite Consistorium und brachte in gleicher Weise die zweite Frage zur Entscheidung: Es sind auch die Wunder erwiesen. [7])

Darauf erneuerte der wieder nach Rom zurückgekehrte Cardinal Althann am 15. Februar 1729 die Bitte, daß zur Heiligsprechung geschritten werde. Papst Benedict XIII. ordnete zu diesem Behufe am 8. März 1729 öffentliche Gebete um die Erleuchtung des hl. Geistes an und bewilligte nebstbei einen vollkommenen Ablaß. Am 10. März berief er ein öffentliches Consistorium aller in Rom anwesenden Cardinäle, Patriarchen, Erzbischöfe und Bischöfe, in welchem der Cardinal Coscia als Vicepräses der Congregation der heiligen Gebräuche umständlichen Bericht über das Leben, den Tod und die Wunderzeichen des Heiligen erstattete. Als da alle anwesenden Cardinäle für die Heiligsprechung stimmten, setzte der Papst dieselbe auf den 19. März — den Tag des heiligen Nährvaters Josef — fest.[8])

4. Am 19. März 1729 zog der heilige

---

[6]) Urkunde dd. 12. Jan. 1728 im Kap. Arch.
[7]) Urkunde dd. 18. Jan. 1729 im Kap. Arch.
[8]) Vgl. die Heiligsprechungsbulle u. Borowy l. c. 115 u. f. f.

Vater in feierlicher Procession in die festlich geschmückte Kirche S. Johann im Lateran. Es war die letzte Heiligsprechung, die dort vollzogen werden sollte; denn weiterhin ward immer die St. Peterskirche im Vatican dazu ausersehen.

Voran zogen die geistlichen Orden und ihre Generäle, dann die Kapitel, die Hofbeamten und Würdenträger Seiner Heiligkeit, die Beamten der Curie, die Hofkapläne mit den Insignien der geistlichen Obergewalt, — die Sänger und Tonkünstler der päpstlichen Capelle, die Alumnen der deutschen und ungarischen Nation, die Auditoren der Rota; — dann die infulirten Aebte, Bischöfe, Erzbischöfe und Patriarchen, — endlich 36 Cardinäle und zuletzt der hl. Vater selbst, auf einem Thronsessel getragen und mit der dreifachen Krone geschmückt. In der Laterankirche nahm der Papst auf einem Throne Platz, zu welchem eilf Stufen emporführten. Da trat der Cardinal Althann vor und bat dreimal im Namen des Kaisers und des Königreichs Böhmen — inständig, inständiger und am inständigsten — um die Heiligsprechung. Nach jeder dieser Bitten rief ein anderer Cardinal alle Anwesenden zum Gebete (orate fratres), und der Papst selbst stieg vom Throne hernieder, um den Beistand des hl. Geistes zu erflehen. Nach dem dritten Gebete stand der Papst vor seinem Throne und sprach mit lauter Stimme: „Zur größern Ehre der heiligen und ungetheilten Dreieinigkeit, zur Verherrlichung des katholischen Glaubens und zur größeren Ausbreitung der katholischen Religion, — im Namen desselben

allmächtigen Gottes, des Vaters, des
Sohnes und des hl. Geistes, der heiligen
Apostel Petrus und Paulus und kraft
unserer eigenen Gewalt und auf den
Rath unserer Brüder verkündigen und
verordnen Wir: daß der selige Johannes
von Nepomuk ein Heiliger sei und unter
die Heiligen gezählt werde, so wie Wir
ihn hiemit wirklich in das Verzeichnis
der Heiligen aufnehmen."

Darauf bat derselbe Cardinal Althann noch
um die Ausfertigung der Heiligsprechungsbulle.
Während diese herbeigeholt wurde, stieg der heilige
Vater wieder von seinem Throne herab und stimmte
am Hochaltare den Hymnus Te Deum laudamus an. Nach Schluß desselben sang einer
der assistirenden Cardinäle zum ersten Male: Bitte
für uns, heiliger Johannes von Nepomuk
— und das ganze Volk antwortete: damit wir
theilhaftig werden der Verheißungen
Christi. Darauf sprach der heilige Vater zum
erstenmale das seither in der ganzen Kirche einge-
führte rituelle Johannesgebet.

Dann folgte die Unterschrift der Heiligsprechungsbulle. Der hl. Vater unterschrieb
sie eigenhändig, und nach ihm unterschrieben auch
die anwesenden 36 Cardinäle.[9]) Endlich celebrirte

[9]) Diese Bulle besteht aus folgenden Theilen:
  a. Aus einer allgemeinen Einleitung mit einem Uebergange auf
    den hl. Johannes;
  b. aus der damals üblichen Legende, die mit den Worten ein-
    geleitet wird: „um Einiges von dem seligen Mar-
    tyrer anzuführen"; sie macht also keinen Anspruch auf
    Gründlichkeit und Vollständigkeit;

der hl. Vater selbst unter großartigster Assistenz das feierliche Hochamt und ließ am Schluße einen vollkommenen Ablaß verkündigen.[10]) Diese Feier dauerte volle 6 Stunden.[11])

Unterm 26. März 1729 wurde auch ein vollkommener Ablaß für die Heiligsprechungsfeier in Böhmen gewährt. Am selben Tage wurde überdies für Prag eine Bruderschaft des hl. Johannes mit Ablässen bestätigt. Am 6. August 1729 wurde auch die eigene Messe und das eigene Officium gewährt. —

Das Domcapitel aber hatte schon früher (22. December 1728) zum Andenken an den einstigen nunmehr heiligen Mitbruder das Recht erhalten, ein Pectoralkreuz mit dem Bilde des Heiligen zu tragen — und mit der Inschrift auf der Rückseite: „Benedictus XIII. 1729". Nun kam auch noch das weitere Recht hinzu, die Cappa magna gleich den Domherren von St. Johann im Lateran, wo die Heiligsprechung erfolgt war, zu tragen. Ueberdies wurde nun dieses Capitel um 4 Mitglieder vermehrt, die zum bleibenden Andenken Canonici Joannaei — Johannäer-Domherren heißen sollten.[12]) Endlich wurde

---

c. aus der Erzählung des Processes von 1715—1729;
d. aus der Schilderung des Canonisationsactes selbst und der feierlichen Erklärung, daß Johannes in das Verzeichnis der Heiligen aufgenommen sei.

[10]) Borowy l. c. 122 u. f.
[11]) Rost l. c.
[12]) Urkunden im Kap. Arch. Die Verhandlung wegen dieser Vermehrung verlief seit 1715 gleichzeitig mit den Canonisationsprocessen. Es handelte sich um die Dotirung der neuen Stellen aus der Cassa salis. Der erste Johannäer, Anton Michael Cajo, wurde am 4. November 1730 gewählt.

der eifrige Förderer der Heiligsprechung, Rudolph Graf Spork, noch in Rom selbst zum Bischofe von Adria und Weihbischofe von Prag präconisirt und consecrirt. [13])

§. 20. Die Heiligsprechungsfeier in Böhmen.

1. Die Heiligsprechung des Blutzeugen Johannes von Nepomuk sollte vor Allem in Prag, wo er gelebt und gewirkt hatte, wo er den Martyrertod gestorben war, und wo er seit Jahrhunderten seine Ruhestätte hatte, in würdigster Weise gefeiert werden. Der nothwendigen Vorbereitungen wegen wurde hiezu die Octav vom 9. bis 16. October gewählt.

Am Vorabende, Samstag, den 8. October, verkündeten alle Glocken der Hauptstadt die kommende Feier.

Sonntags, (9. October) um 8 Uhr Morgens, zog eine großartige Festprocession aus der mit einer Triumph-Pforte geschmückten Strahower Stifts-kirche durch die festlich gezierten Gassen und Plätze herab in den St. Veitsdom. Die lange Reihe aller Ordensgeistlichen Prags eröffnete den Zug. Dann folgten ein Musikchor, die Prager Magistrate, der akademische Senat und die akademische Jugend, — dann wieder ein Musikchor, die Seminars-Alumnen, die Seelsorger Prags in Pluvialen, die Landes-Prälaten und das Prager Domcapitel in Infeln, — darauf die Bischöfe (von Leitmeritz, von Königgrätz und der Weihbischof Daniel Mayer), endlich der Erz-bischof Ferdinand Graf Khünburg selbst. Der Erz-

---

[13]) Canon Cap. Prag.

bischof trug das Krystallgefäß mit der heiligen Zunge. Ihm folgte die böhmische Statthalterei, eine lange Reihe des böhmischen und auswärtigen Adels, endlich eine endlose Masse Volkes aus allen Ländern Europas. Eine riesige Triumph-Pforte empfing die Procession am Eingange des St. Veitsdomes.

Im Dome selbst hielt dann der Strahower Abt Marian Hermann die deutsche, und vor dem Dome der Domherr Georg Chřepicky die böhmische Festpredigt. Weihbischof Mayer hielt anstatt des greisen Erzbischofs das feierliche Hochamt. Nachmittags predigte wieder der (fremde) Canonicus Josef Tantys in lateinischer Sprache.

Am 10. October eröffnete eine ähnliche Procession von der Teinkirche aus die Feier. Hier waren es die Professoren und Studierenden der Universität, die Brüderschaften und Congregationen, die den heiligen Johannes ehren wollten. Alle Gassen und Plätze, durch welche der Zug sich bewegte, waren prächtig geschmückt. Im Dome aber hielt der Universitätsprofessor JUDr. Nicolaus Ignaz Kindermann auf einer besondern Rednerbühne eine Lobrede auf den heiligen Johannes. Am selben Tage zogen auch die großen Processionen von Pilsen, Klattau, Mies, Nepomuk, Rokycan, Zebrak, Beraun und Rakonitz in die Veitskirche ein. Domherren hielten wieder die deutsche und böhmische Predigt, worauf der Bischof von Leitmeritz, Graf Johann Adam Wratislaw, das Hochamt celebrirte.

So ging es nun Tag für Tag. Nebst den großen Processionen, die an jedem Tage von einer

andern Pfarrkirche Prags ausgingen, kamen täglich
andere vom Lande herein; am 11. October die von
Kuttenberg, Böhmisch-Brod, Kolin, Cas-
lau und Kourim; — am 12. von Krumau,
Neuhaus, Tabor, Schüttenhofen, Pisek,
Wolin, Prachin, Wodnian, Blatna; —
am 13. von Jungbunzlau, Böhmisch-Aicha,
Turnau und Münchengräz; — am 14. von
Chrudim, Hohenmaut, Poděbrad, Pardu-
bitz, Brandeis, Nimburg; — am 15. von
Saaz, Kaden, Brüx, Laun, Postelberg. —
Diese Processionen hielten sich in der Wahl des
Tages an ein zuvor (am 9. September) veröffentlichtes
Programm; denn ohne ein solches wäre die Auf-
nahme der Fremden in Prag ganz unmöglich gewesen.

Am letzten Tage der Octav — 16. October —
zogen des Morgens das kaiserliche Militär und alle
städtischen Körperschaften aus, um die Ordnung in den
Volksmassen zu wahren. Um 8 Uhr begann die große
Schlußprocession, ähnlich der am ersten Tage. Nur
wurde hier der Leib des heiligen Johannes in seinem
Krystallsarge getragen, und der Zug bewegte sich aus
dem Dome über die Burghöfe und um den Hradschiner
Platz nach dem Dome zurück. Dann folgten wieder
die Predigten in beiden Landessprachen und das
Hochamt, Nachmittags die Vesper und ein feierliches
Te Deum laudamus.

Man zählte in diesen Tagen im Prager Dome
3280 heilige Messen und 208,000 Communicanten. [1])

------

[1]) Borowy l. c. 122—135.

2. Vom 16. bis 18. April 1730 wurde eine ähnliche Feier im bischöflichen Dome zu Königgrätz, und ebenso zwischen dem 1. bis 8. October 1730 eine dreitägige Andacht in jeder Pfarrgemeinde der Diöcese abgehalten. Ebenso wurde auch vom 21. bis 23. Mai ein feierliches Triduum im Leitmeritzer Dome und in den Pfarrkirchen der Leitmeritzer Diöcese gefeiert. [2])

§. 21. Das silberne Grabmal des heil. Johannes.

1. Jahr für Jahr am 16. Mai sah fortan unsere Hauptstadt neue unabsehbare Schaaren frommer Pilger zum Johannesgrabe ziehen. Dort schien aber doch noch Eines zu fehlen, — ein würdiges Grabmal.

Das Domkapitel ergriff auch hierzu die Initiative. Es hatte einst für die Auslagen der Canonisations-processe und der Heiligsprechungsfeier freiwillige Gaben in seiner eigenen Mitte und in allen Vicariaten des Landes gesammelt, und Kaiser Karl VI. selbst hatte seiner Zeit einen Aufruf zu Beiträgen erlassen. So war die sogenannte St. Johanneskasse entstanden, in der nunmehr noch 8791 fl. als Ersparnis zurück-geblieben waren. Diese wurden nun zu einem Grab-male bestimmt. Die Gräfin Kinsky nebst etlichen anderen Sammlern und Sammlerinnen veranstalteten überdies eine Collecte und legten so neue 14,000 fl. hinzu. Einige Vermächtnisse brachten noch ein Uebriges. So konnte endlich im Jahre 1736 der Wiener Hof-silberarbeiter Johann Josef Wirth das Werk beginnen. Er nahm zum eigentlichen, von zwei lebens-

---

großen Engeln getragenen Sarkophage nebst dem Bilde des Heiligen 400 Mark 13löthiges Silber, das die Kremnitzer Bergwerke lieferten. Die 4 silbernen unteren Statuen und Vasen ließ der Weihbischof Zdenko Georg Chřepicky auf eigene Kosten anfertigen. Der Dompropst Franz Strachovsky von Strachovic schenkte die 4 silbernen Engel, die einen Sammetbaldachin tragen sollten, im Gewichte von 910 Mark und im Werthe von 18,954 fl. Der Werth des Ganzen belief sich damals auf 200,000 fl.[1]

Im silbernen wohlverschlossenen Sarkophage dieses Monumentes ruht nun der ebenfalls wohlverschlossene Krystallsarg unseres Heiligen.

2. An dem silbernen Grabmonumente sind zu Häupten und zu Füßen 2 Altäre angebracht, an welchen die heiligen Messen alltäglich vom frühen Morgen an bis zum Mittag fast niemals aufhören. An der Seite des Grabmonumentes aber sehen die Besucher am Fußboden eine verschlossene hölzerne Thüre. Hier führen 11 Stufen hinab in das alte — jetzt ausgemauerte und eingewölbte Johannesgrab. Bis in die Zeit des Kaisers Josef II. stand in dieser Gruft ebenfalls ein Altar, auf welchem das hl. Meßopfer dargebracht wurde. Sie mußte damals auf kaiserlichen Befehl geschlossen werden und ist es noch bis auf diese Stunde.[2]

3. Die heilige Zunge ruht noch heute wie vor 150 Jahren in dem oft genannten Krystallgefäße versiegelt und ver-

[1] Dr. Aug. Ambros: „Der Dom von Prag.“ 179.
[2] Borowy l. c. 138.

8

schloffen. Nur ist dieses Kryftallgefäß seit der Heiligsprechung in eine koftbare goldene, mit Brillan= ten geschmückte Monftranz mittlerer Größe einge= schloffen. So prangt sie in der Schatzkammer des Prager Domes und wird jährlich von zahlreichen frommen Besuchern betrachtet und geküßt. Am S. Johannestage aber ist sie alljährlich auf dem Tabernakel des Reliquienaltares zur allgemeinen Ver= ehrung ausgesetzt. So kennt sie in Prag wohl Jeder, — der unsern Dom besucht.

§. 22. Das Johannesgrabmal in Gefahr.

1. Mehr als einmal war das koftbare Grabmal im Prager Dome und sein noch koftbarerer Inhalt in großer Gefahr. Im Jahre 1740 besetzte das Kriegsheer des bairischen Kurfürsten Karl unsere Hauptstadt und unsern Dom. Mehr noch als die Klugheit des Fürsten, der die Hand nach der böhmischen Krone erhob, schützte damals der katholische Glaube seiner Krieger unser heiliges Kleinod. Im J. 1742 standen die Franzosen als Feinde in der Stadt; da war es wieder der gemeinsame katholische Glaube, der den Dom und seine heiligen Schätze bewachte. Aber defto schlimmer wurde es im J. 1757. Da bedrohten die Preußen unsern Dom mit dem Untergange. Vom 29. Mai bis 8. Juni waren nicht weniger als 22.000 Kanonen= und Bombenschüffe dahin gerichtet. 770 Kugeln schlugen in das Innere ein, ungerechnet jene, die nur ins Mauerwerk gedrungen waren. Wiederholt — ja mehr als dreißigmal an einem Tage — gerieth der Dachftuhl und das im Innern der Kirche befind=

liche Holzwerk in Brand, und nur die unermüdeten Anstrengungen der treuen Wächter, insbesondere des Domherrn und späteren Königgrätzer Bischofs **Johann Andreas Kaiser**, verhüteten eine allgemeine Feuersbrunst. Als endlich die Schreckenstage zu Ende waren, gab es hier einen Gräuel der Verwüstung; **das Grabmal des hl. Johannes aber hatte nicht den mindesten Schaden erlitten.**[1])

2. Als zu Anfang dieses Jahrhunderts unser liebes Oesterreich die gefährlichen Kämpfe gegen den „Kaiser der Franzosen" zu bestehen hatte, da mußte in der größten Noth auch **das Silber und Gold der Kirchen** gegen Ausfolgung von Staatsschuldverschreibungen hergeliehen werden. Welche Menge kostbarer und kunstvoller Kelche, Kreuze, Monstranzen und anderer Cultusgegenstände mußte damals dem Hammer überliefert werden! **Da verlangte man denn auch das Johannesgrabmal als Opfer für das bedrohte Vaterland.** Das allzeit getreue Domkapitel aber trug als sorgsamer Hüter seine inständigen Bitten bis an die Stufen des Kaiserthrones und rettete so das kostbare Heiligthum für die Nachwelt.

3. Die jüngste Gefahr dieses Grabmals haben die Meisten von uns selbst erlebt. Es war im Jahre 1866, als neuerdings feindliche preußische Kriegsheere sich über unser Vaterland ergossen. Da faßte unser hochwürdigster Erzbischof, Kardinal **Friedrich Fürst Schwarzenberg**, unter Beirath des Domkapitels den Entschluß, für die Sicherheit des Jo-

---

[1]) Vergl. Borowy l. c. 164 u. f., Ambros, Dom von Prag 109 u. f.

hannesgrabmals und des hl. Leibes zu sorgen. Am
21. Juni wurde das silberne Monument in seine
Theile zerlegt, in Kisten verpackt und insgeheim nach
Krumau gebracht. Der verschlossene Krystallsarg
mit dem h. Leibe wurde in einen hiefür bereiteten
Holzschrein eingelegt und sorgfältig mit 6 Schlössern
und 8 Siegeln verwahrt. Zunächst blieb dieser Schatz
in der erzbischöflichen Residenz geborgen. Als aber
die Gefahr immer näher rückte, da mußte an eine
entferntere Zufluchtsstätte gedacht werden. Am 1. Juli
um 11 Uhr Nachts wurde der verschlossene Schrein
durch den Domherrn Johannes Bernard zuerst
nach Pilsen, — von dort weiter nach Strakonitz,
— und darauf nach dem pröpstlichen Gute Niho-
schowitz bei Wolin gebracht. Als auch dort bereits
die Sicherheit bedroht war, ging die Flucht weiter
über Winterberg und Kuschwarda nach Passau
in Baiern, — endlich nach Salzburg. Dort
stand das Heiligthum im erzbischöflichen Palaste verborgen bis zum Friedensschluße. Dieser erfolgte am
23. August 1866; doch der Rückzug der feindlichen
Truppen zog sich noch Wochen lang dahin.

Endlich sollte die Heimkehr des heiligen Schatzes erfolgen. Das Grabmal war
bereits am 29. August zurückgebracht und unversehrt
im Dome wieder aufgestellt worden. Am 12. Oktober fanden sich die Vertreter des Kapitels — der
jetzige hochwürdigste Weihbischof Dr. Karl Prucha
und der obengenannte Domherr Johann Bernard
— in Salzburg ein. Kraft erhaltener Vollmacht
öffneten diese den geschlossenen Schrein, um nach dem
Zustande des heiligen Leibes in dem Krystallsarge zu

schauen. Da zeigte sich Alles in ungestör-
tester Ordnung. Darauf erfolgte eine feierliche
Ausstellung des heiligen Leibes im Salz-
burger Dome. Durch 3 Tage strömten die
Massen der Andächtigen zu, und bald erzählte man
von einer wunderbaren Krankenheilung, die durch die
Anrufung des heiligen Johannes erfolgte. Dann
ging es in einem förmlichen Triumph-
zuge zurück nach Prag. Man nahm den Weg
über Linz, Zwettl, Hohenfurt, Rosenberg,
Kruman und Budweis. Von der Nähe der
böhmischen Gränze an zogen überall feierliche Prozessionen entgegen und gaben dem heiligen Leibe das
Geleite. In Budweis fand auf dringendes Verlangen des dortigen Bischofs und seiner gläubigen
Gemeinde eine Ausstellung desselben statt. Von da
aus ging es in ununterbrochenem Triumphe über
Sevetin, Wesely und Sobieslau nach Tabor,
wo abermals eine Ausstellung bewilligt werden mußte.
Dann zog man weiter über Militschin, Wotitz,
Beneschan, Poritz, Jesenitz, Kundratitz
und Pankratz bis nach Wyschehrad. Hier erwartete
der Kardinal und Erzbischof Fürst Schwarzenberg mit dem Wyschehrader Kapitel den Zug und
führte ihn in die altehrwürdige Kapitelkirche ein.

Am 21. October geschah endlich der
Einzug in die Hauptstadt selbst. Nach
einem feierlichen Dankgottesdienste und festlicher Predigt
in der Wyschehrader Kirche bewegte sich eine unübersehbare
Prozession durch die geschmückten und beleuchteten Gassen
der Stadt, — voran die Schuljugend, dann die katholischen Vereine, Abtheilungen der städtischen Scharf-

schützen und Grenadiere, die Alumnen des Seminars, der Domchor, die geistlichen Orden, die städtische Geistlich= keit; dann folgten — den Krystallsarg des Heiligen tragend — die Kapitel von Wyschehrad und Prag, die weiterhin mit den Pfarrgeistlichen wechselten, hinter dem Sarge der Erzbischof mit der unversehrten Zunge des Heiligen, und schließlich die Bürgermeister und Stadtverordneten von Prag und Wyschehrad und eine zahllose Volksmenge, — diese alle unter Musik und heiligen Gesängen. So gelangte der Festzug endlich in die Domkirche, wo der hl. Leib einstweilen in der St. Ludmilakapelle niedergestellt, und die Feierlichkeit dieses Tages mit einem Te Deum laudamus ge= schlossen wurde.

Vom 22. bis 27. October blieben die Reliquien im S. Veitsdome öffentlich ausgestellt, und überaus groß war da der Andrang der Gläubigen, die ihrer heiligen Freude über den zurückgebrachten Schatz in heißen Gebeten Ausdruck gaben. Am 26. October erschien der Allerdurchlauchtigste Kaiser Franz Josef selbst zur Verehrung des kostbaren Heiligthums im Prager Dome. Am 27. October wurde endlich der Reliquiensarg aus der Ludmilakapelle erhoben und in den silbernen Sarkophag wieder eingeschlossen.[2] Hier ruhen sie bis auf diese Stunde.

§. 23. Die neuesten Bedenken.

Es ist, als habe die glühende Begeisterung für unsern heiligen Landespatron, wie sie sich in den geschilderten Ereignissen geoffenbart hat, auch die

---

[2] Borowy Sw. Jan Nep. 222—242.

Gegner unseres Heiligen — eigentlich die Gegner alles Heiligen — zu einem verzweifelten Ausfalle gereizt. Es sind nun gar seltsame Dinge, die seitdem aus alten und neuen Rüstkammern gegen unseren heiligen Landespatron hervorgeholt werden.

1. **Seine Verehrung soll von den Jesuiten aufgebracht worden sein, um die Verehrung des Johannes Hus aus Böhmen zu verdrängen.** Als besten Beweis führt ein Hauptbekämpfer unseres Heiligen [1]) den Umstand an, daß auch das Fest des Johann Hus am 16. Mai gefeiert wurde. Bei uns in Böhmen weiß es aber jeder nothdürftige Kenner unserer Geschichte, daß unsere Husiten das Fest ihres Johann Hus am 6. Juli begingen, und eine Menge Original-Missalien und Cantionalien aus jener Zeit schließen darüber jeden Zweifel aus. Dann wissen wir es aber auch ganz bestimmt und haben es oben weitläufig nachgewiesen, daß unser Johannes von Nepomuk schon im Jahre 1393 ein heiliger Martyrer hieß, also zu einer Zeit, wo Johann Hus gewiß noch nicht an seinen eigenen Flammentod (gestorben 1414) dachte. Ebenso wissen wir auch, daß unsere alten Husiten die Festfeier des Johannes Hus erst im J. 1441 auf ihrer Synode zu Kuttenberg beschlossen, [2]) also zu einer Zeit, wo die Verehrung des Martyrers im Prager Dome schon längst bestand[3]) und daher eher behauptet werden könnte, man habe durch den neuen husitischen Heiligen unsern heiligen Johannes

---

[1]) Otto Abel, die Legende vom hl. Johann von Nepomuk, 63.
[2]) Meine Kirchengeschichte Böhmens, IV. Band, S. 23.
[3]) Vgl. §. 15.

von Nepomuk verdrängen wollen. Endlich wissen wir, daß der Orden der Jesuiten erst im Jahre 1540 gestiftet wurde und erst im Jahre 1555 nach Böhmen kam, also zu einer Zeit, wo der Hus-Cultus in Böhmen großentheils schon im neuen Protestantismus untergegangen war.

2. Aber was ist es mit der St. Johannes-zunge? Erst vor Jahr und Tag hat irgend ein frivoler Zeitungsschreiber[4]) die Neuigkeit in die Welt gebracht: er habe einen Posamentirer gekannt, der im Jahre 1829 eine neue Zunge aus Sammet verfertigen mußte. Jener Schreiber und dieser Posamentirer haben wohl den Prager Dom noch nie besucht und die unbezweifelte echte Zunge niemals betrachtet. Die Sammetzunge, von der jener schrieb, war eben nichts anderes, als jenes ellenlange Zungenabbild, das beim Jubiläum des Jahres 1829 die Riesen-Triumph-pforte vor der Domkirche zierte.[5]) Wer könnte da des Lächelns sich enthalten, wenn die Absicht nicht gar so boshaft wäre!

3. Derselbe Zeitungsschreiber hat auch die seltsame Entdeckung gemacht, daß im Jahre 1829 die Reliquien des Heiligen mit unechten Ge-

---

4) Bilder aus Böhmen (gesammelt aus einzelnen Aufsätzen der Allg. Zeitung), Leipzig, 1876, S. 186. Dieses Buch wimmelt übrigens von handgreiflichen Lügen aller Art, so, daß insbesondere ein Kenner der Prager Verhältnisse es nur mit Lächeln oder mit Entrüstung lesen kann. Hieher zählen die Jesuiten auf dem Hradschin, die Spaziergänge des seligen Kaisers Ferdinand in der angeblichen Allee des Depossedirten, die vorgeblichen Gewohnheiten dieses Kaisers, und vieles andere mehr.

5) Abbildungen dieser Triumph-Pforte gibt es noch in Menge.

beinen vervollständigt wurden.*) Es ist aber jedem halbwegs unterrichteten Katholiken klar, daß die Reliquien eines Heiligen fast nie einen Anspruch auf Vollständigkeit machen. Das ist ja eben die nothwendige Folge des allgemeinen kirchlichen Gebrauches, kleinere und größere Reliquientheile auch an fremde Kirchen zur Verehrung abzugeben. Wie viele Kirchen Böhmens und der Nachbarländer, ja selbst Amerikas, können sich insbesondere solcher Reliquien unseres heiligen Johannes rühmen, die insgesammt von der Hand des Oberhirten eingelegt, versiegelt und als echt bestätigt sind. Erst in jüngster Zeit wurde eine solche Reliquie an den heiligen Vater Pius IX. eingesendet. Da kann es also auch nicht Wunder nehmen, wenn an den Gebeinen unseres Heiligen einige kleinere Theile fehlen. Diese fehlen aber nach authentischen Aussagen bis zur Stunde noch, und keine Seele hat daran gedacht, dieselben durch unechte Theile zu ersetzen. Ja ein solches Beginnen wäre nicht blos eine unglaubliche Thorheit, sondern selbst eine schwere Sünde.

Aber diese Thorheit und diese Sünde wären auch überdies ganz unmöglich. Der Sarg unseres Heiligen kann nur mit drei verschiedenen Schlüsseln geöffnet werden, deren einen der zeitweilige Erzbischof, den andern das Domkapitel, den dritten der oberste Vertreter des Landes bewahrt. Eine Eröffnung ist nur im Beisein aller dieser Auctoritäten möglich. Sie geschah allerdings im Jahre 1829, aber nur zu dem Zwecke, damit die veraltete innere Ausschmückung des

---

*) Ebend. 182 u. f.

Sarges (Sammetpolster und künstliche Blumen) durch fromme Klosterfrauen mit einer neuen vertauscht würde. Dies wissen heute noch verlässige Augenzeugen.

Aber wer war jener angebliche „Mediziner", der dabei fungirt haben soll und den jener Berichterstatter gekannt haben will? Nach seinem eigenen Berichte war er ein gemeiner Trunkenbold, der fast niemals nüchtern ward, und der im Jahre 1829 gänzlich aus Prag und aus Europa verschwand. Was solch ein Mensch vielleicht seinen Zechbrüdern vorlog, das soll uns heute in der Verehrung der Reliquien unseres Heiligen irre machen?

Wir wissen nicht, ob es Leichtfertigkeit oder Bosheit ist, die in solcher Weise das Heilige antastet. Wir müssen diese wie jene schmerzlich beklagen. Aber wir lassen uns unsere Ueberzeugung und unser Vertrauen auf unsern glorreichen Landespatron nicht rauben und rufen aus Herzensgrunde:

Heiliger Johannes von Nepomuk,

Bitte für uns, bitte auch für Deine Feinde!

Inhalts-Verzeichniß.